JN115796

ヒッピーの教科書

ヒッピーの教科書

原作　赤田祐一
作画　関根美有

エディトリアル・デパートメント

はじめに

文：『スペクテイター』編集部

ヒッピーといえば、そのイメージは、髪が長く、服装がルーズで、街をぶらつき、生活を型にはめられるのをきらう、スポイルされた若者たち。もしくは〝非生産的な芸術家たち〟であるかのように、一般的には思われがちです。

しかし、ヒッピーのルーツについて誕生や歴史を調べていくと、意外に思われるかもしれませんが、実際の彼らは案外〝生産的でクリエイティブ〟だったことが、わかってきました。

エスカレートするベトナム戦争の時代を背景に、まったく素朴な別世界をつくろうと考えたヒッピーたちは、いまある社会の仕組みを逆転してやりたいと強く願って、社会の再構築に挑戦します。

核家族を捨てて放浪し、新しい家族としてつくりだした生活共同体＝ヒッピー・コミューン。

低コストでいいからスポンサーや興業会社から制約を受けない、ハリウッド映画のように現実から逃避しない、〝血の色〟をしたアンダーグラウンド・シネマ。

発売禁止になることを怖れず、自分たちの考えを自分たちのかたちや方法で示すという精神から生み出されたアンダーグラウンド・マガジンやヒッピー・ペイパー。

絶対的な神の存在を、ひとりひとりの心のうちに内在するものという思考に変えたＬＳＤ、マリファナなどの向精神薬。
そのほかにも、演劇、音楽、自然食、瞑想、ポスター・アート、ハプニング、デモンストレーション……多くの芸術や生活分野において新しい文化を生み出してきたのもまた、初期のヒッピーたちであったことがわかりました。

企業社会に束縛されることを嫌い、既存のものとは別メディア、別ルートを開拓する――そのように強烈な精神性がベースにあったがゆえ、自力で生活をつくるためのアイデアと情報を提供する『ホール・アース・カタログ』は、ヒッピー世代を中心に、世界的ベストセラーになったのです。さらにいえば、それまで国家権力や大企業のものであった大型コンピューターをパーソナルなコンピューターに変えたのも、当時ヒッピーカルチャーにシンパシィを抱いていたアラン・ケイやテッド・ネルソン、スティーブ・ジョブズのような人たちでした。

この本は、ヒッピーがはじめた数々の試みが、たんに六〇年代のわがままな若者たちの新奇な風俗現象などで説明されるものではなく、「人類の彼岸をさがしもとめる試行錯誤であり、サンフランシスコ・ヘイト＝アシュベリー街区は若者世代の実験場であった」という大きな視点に立ってみることで、ヒッピーとはなにかをマンガ形式でさぐってみたものです。

ーとは？

言している言葉の一部を並べて紹介しよう。

イジャーが大勢あつまったし、六月になったときは四万人以上にふくれあがったのだ。(*6) **アンディ・ウォーホル／パット・ハケット** 何千というキッドたちが花をくばり、香をたき、グラスを吸い、アシッドをやり、屋外で大っぴらにドラッグをまわし、服をぬいで芝生の上をころげまわり、からだや顔に「デイ・グロー」（蛍光塗料）を塗り、極東風の詠唱をやり、おもちゃで遊んでいた。(*7) **マーティン・トーゴフ** サンフランシスコでは何でもできた。解放されていて、人々が心に描いた共通のイメージから世界を創り出しているような感じだった。あの不思議な感覚はよく覚えている。(*8) **ロバート・ドレイパー** 社会のクズと言われる彼らが作り上げたサブカルチャーは、予想外のヴァイタリティーを秘めていた。ヒッピーは食料、住まい、衣服など、すべてのものを分け合った。彼らの集まりはごく穏やかなもので、毎年夏になるとフォート・ローダーデールの海辺で見られる、酔っ払いの馬鹿騒ぎとはまったく違っていた。夏の盛りになると、訪問客の第二波がハシュベリー（ママ）を襲った。(*9)

引用一覧：(1)『二十世紀』文藝春秋　(2)『ミュージック・ライフ 1969年8月号』シンコーミュージック　(3)『アメリカ現代史4　栄光と夢』鈴木主税訳、草思社　(4)『カリフォルニア日記』林瑞枝訳、法政大学出版会　(5)『追憶の60年代カリフォルニア』平凡社・平凡社新書 (6)『カトマンズでLSDを一服』植草甚一（晶文社）(7)『ポッピズム』高島平吾訳、リブロポート　(8)『ドラッグ・カルチャー』清流出版、宮家あゆみ訳　(9)『ローリング・ストーン風雲録』林田ひめじ訳、早川書房

ヒッピー

これまで多くの人々が“ヒッピー”について証

海野弘 60年代は〈ヒッピー〉という不思議な種族が世界をうろついた時代であった。特にアメリカの西海岸に群がっていた。(*1) **亀淵昭信** 若い芸術家なんかがノース・ビーチ地区に集まって、芸術活動を続けてそれが一時途絶えたりしたんだけど、ビートルズやヒッピーの出現で、パーッと燃えひろがったというわけ。(*2) **ウィリアム・マンチェスター** それは本当は、1950年代のビート・ゼネレーションの延長だった。『サンフランシスコ・クロニクル』のある記者がこの新しいボヘミアンたちを「ヒッピー」と命名し、その運動はまず全国的な現象となり、やがては国際的に波及していった。(*3) **エドガール・モラン** 大勢の若者が、ひげと髪をのばしてキリストのような顔をしている。(*4) **三浦久** 「ヒッピーというのは心の優しい人たちだ。サンフランシスコのヘイト=アシュベリーへ行けばたくさんいるよ。彼らは精神的な豊かさを求めて、社会からドロップアウトし、コミューンの中で、自給自足の生活をしようとしている人たちだ」とジョンは言った。(*5) **植草甚一** 中心地はサンフランシスコのヘイト=アシュベリーであった。そこへ四月ごろ15,000人のヒッピーが押しかけたが、夏休みを迎えると、家出した良家のティーン・エ

本書に登場するヒッピー時代の主なできごと

1章　ヒッピーとは何者か？

2章　ビート・ジェネレーション（ヒッピー前史）1945-1962

3章　ヒッピーの誕生 1963-1969

4章　ヒッピーの影響 1970-1973

5章　ヒッピーの現在 1974-2024

一九四五年

・第二次世界大戦が終わった
・〝ベビー・ブーム〟で人口が急増した

一九五〇年

・ビート・ジェネレーションと呼ばれる若者たちがあらわれた

一九六〇年

・アメリカがベトナム戦争に参加した
・人種差別や戦争への反対運動が繰りひろげられた
・ヒッピーと呼ばれる若者たちがあらわれた

一九六七年

・ゴールデン・ゲート・パークで大規模なヒッピー集会がひらかれた
・ヘイト通りがヒッピーであふれた
・ヒッピーの葬式がひらかれた

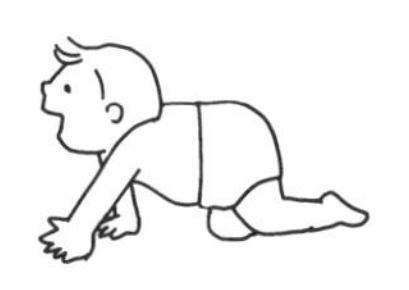

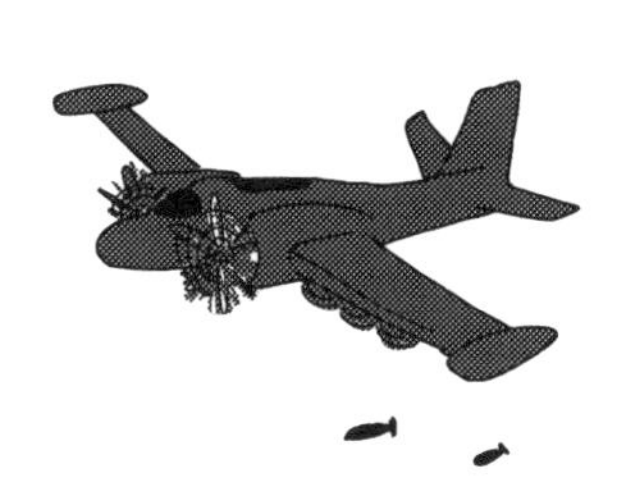

一九七〇年

・ヒッピーたちは
田舎で自給自足の生活をはじめた

一九八〇年

・ヒッピーからヤッピーに
転身する若者が増えはじめた

二〇〇〇年

・スティーブ・ジョブズが
大学の卒業式でスピーチをした
「ハングリーであれ、愚かであれ」

現在

・ヒッピーの精神はジッピーと呼ばれ、
サイバー・テクノロジーのなかに
姿を変え、生き続け、現代と係わり続けている

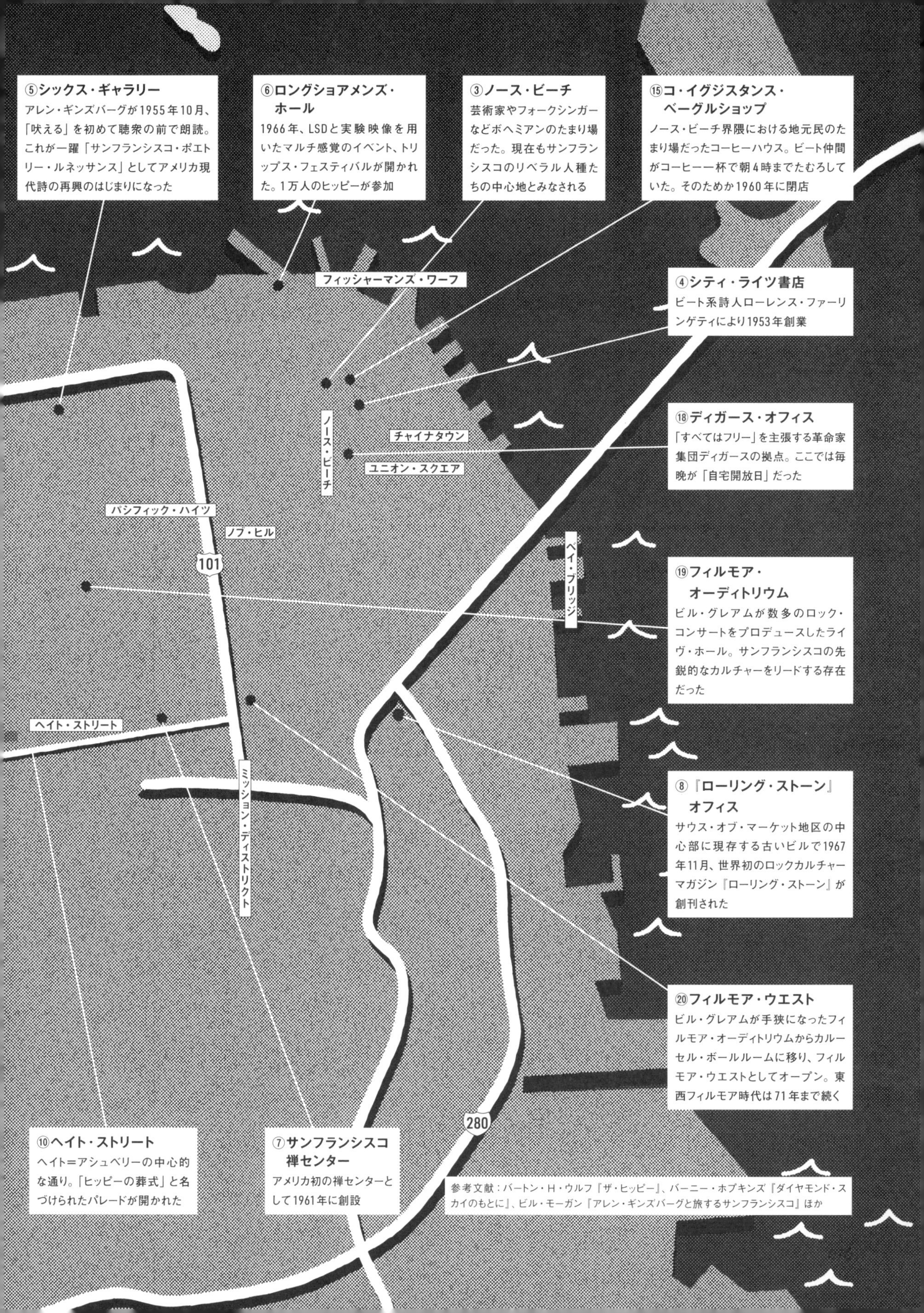

⑤シックス・ギャラリー
アレン・ギンズバーグが1955年10月、「吠える」を初めて聴衆の前で朗読。これが一躍「サンフランシスコ・ポエトリー・ルネッサンス」としてアメリカ現代詩の再興のはじまりになった

⑥ロングショアメンズ・ホール
1966年、LSDと実験映像を用いたマルチ感覚のイベント、トリップス・フェスティバルが開かれた。1万人のヒッピーが参加

③ノース・ビーチ
芸術家やフォークシンガーなどボヘミアンのたまり場だった。現在もサンフランシスコのリベラル人種たちの中心地とみなされる

⑮コ・イグジスタンス・ベーグルショップ
ノース・ビーチ界隈における地元民のたまり場だったコーヒーハウス。ビート仲間がコーヒー一杯で朝4時までたむろしていた。そのためか1960年に閉店

④シティ・ライツ書店
ビート系詩人ローレンス・ファーリンゲティにより1953年創業

⑱ディガース・オフィス
「すべてはフリー」を主張する革命家集団ディガースの拠点。ここでは毎晩が「自宅開放日」だった

⑲フィルモア・オーディトリウム
ビル・グレアムが数多のロック・コンサートをプロデュースしたライヴ・ホール。サンフランシスコの先鋭的なカルチャーをリードする存在だった

⑧『ローリング・ストーン』オフィス
サウス・オブ・マーケット地区の中心部に現存する古いビルで1967年11月、世界初のロックカルチャーマガジン『ローリング・ストーン』が創刊された

⑳フィルモア・ウエスト
ビル・グレアムが手狭になったフィルモア・オーディトリウムからカルーセル・ボールルームに移り、フィルモア・ウエストとしてオープン。東西フィルモア時代は71年まで続く

⑩ヘイト・ストリート
ヘイト=アシュベリーの中心的な通り。「ヒッピーの葬式」と名づけられたパレードが開かれた

⑦サンフランシスコ禅センター
アメリカ初の禅センターとして1961年に創設

フィッシャーマンズ・ワーフ
ノース・ビーチ
チャイナタウン
ユニオン・スクエア
パシフィック・ハイツ
ノブ・ヒル
101
ベイ・ブリッジ
ヘイト・ストリート
ミッション・ディストリクト
280

参考文献：バートン・H・ウルフ『ザ・ヒッピー』、バーニー・ホプキンズ『ダイヤモンド・スカイのもとに』、ビル・モーガン『アレン・ギンズバーグと旅するサンフランシスコ』ほか

ヒッピー・カルチャーとサンフランシスコ

サンフランシスコは変革と挑戦の街だ。ヒッピーも、ビートも、60年代の学生運動も、自然保護団体の草分けであるシエラ・クラブも、この地で生まれた

ゴールデン・ゲート・ブリッジ

⑪パンハンドル
ゴールデン・ゲート・パークから長く突き出たこの地域ではヒッピーたちが行列をつくり、ディガースが配給する無料のシチューを待った

マリーナ

⑰ジェファーソン・エアプレインズ・ハウス
ジェファーソン・エアプレインのメンバーたちが1968年頃から、短期間だったが共同生活をしていた

⑬サイケデリック・ショップ
ヒッピーやサイケデリック関連の本、レコードなどを集めた初の専門店。1966年開店、翌年閉店

⑫ブルー・ユニコーン ヘイト=アシュベリー
ボヘミアンたちのための最初のコーヒーハウス。この店で皿洗いをすると無償で食べ物にありつけた

プレディシオ

②ヒッピー・ヒル
ヒッピーたちが好んで日光浴をした芝地。ゴールデン・ゲート・パーク内にあった

アシュベリー・ストリート

①ゴールデンゲート・パーク
ヒッピー時代の到来を告げたイベント「ヒューマン・ビー・イン」が開催された

リッチモンド

ゴールデン・ゲート・パーク

1

⑨ヘイト=アシュベリー
ヒッピーのメッカとして大変よく知られた地区。家出した若者たちがここに押しよせ、66年秋にはヒッピー向けの店舗が30軒ほどもあったという

⑯グレイトフル・デッド・ハウス
デッドのメンバーやマネージャーが1966年から68年にかけて共同生活をしていた

⑭『オラクル』編集部
『オラクル』は初期ヒッピー時代を代表するタブロイド形態の色刷りアングラ新聞だった

ARE
IPPIE?
は何者か

WHO
THE HI
ヒッピーと

IN THE YEAR 2525……

一九六八年夏——
〝ゼーガー&エバンズ〟という
男性デュオにより唄われた
フォーク・ロックの曲
「2525」をご存知だろうか?

「人類がその日まで生き残ったら、歯も目も必要なくなるだろう。ひとつぶの錠剤を飲むだけでいい。あらゆることを機械がおこなうから、手や足を使うこともなくなる。子どもは試験管ベイビー。夫や妻という存在は必要なくなる——」

当時のポピュラー・ソングとしては未来予想的な歌詞で、かなり虚無的な内容の歌であった。しかし、このシングル盤は全米で大ヒット。ビルボードで六週連続一位を記録する。

（＊日本ではRCAビクターから一九六九年八月発売／邦題：「西暦2525年」）

発表から五十七年後——
いまの世の中、
便利になりました。

あるSF作家の予想によれば、二五二五年の未来世界ではコンピューターが思考と労働の大半を人間に代わっておこなうようになるのであると。

街なかをエア・カーが横切り、ロボットは欠かせないパートナーとなり、遺伝子技術により、一二〇歳程度まで生きられるようになるらしい。

そのいっぽうで二〇二四年の今、人間はまだ、大して進化しておりませんでした。

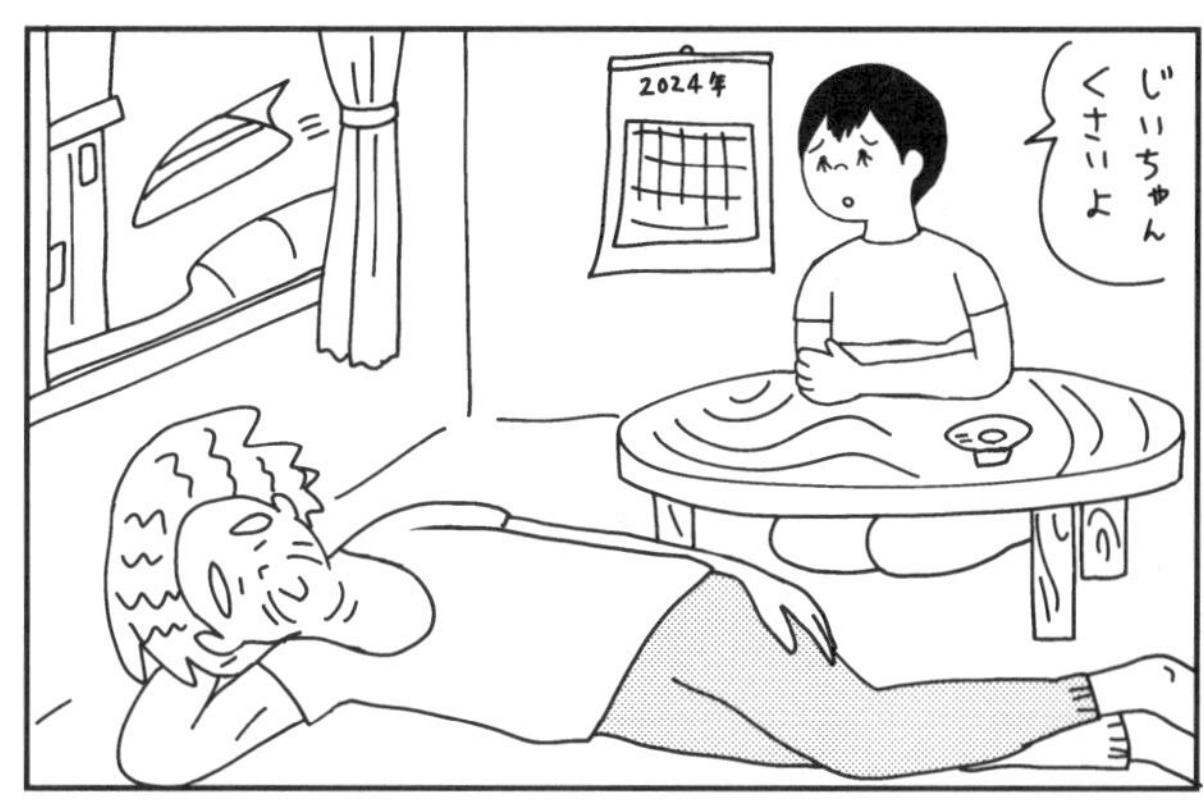

ピース
ピース

♪in the year of～
じいちゃん
ピースって
なんじゃ。

ヘイワァ～
（〝平和〟）いう
意味じゃ。
ふーん

ピース
ピース

この人、
なんでピイピイ
ゆうとるんじゃ？

バカタレ！
〝平和が大切〟じゃ～
いうことじゃ！
？

ピース
ピース

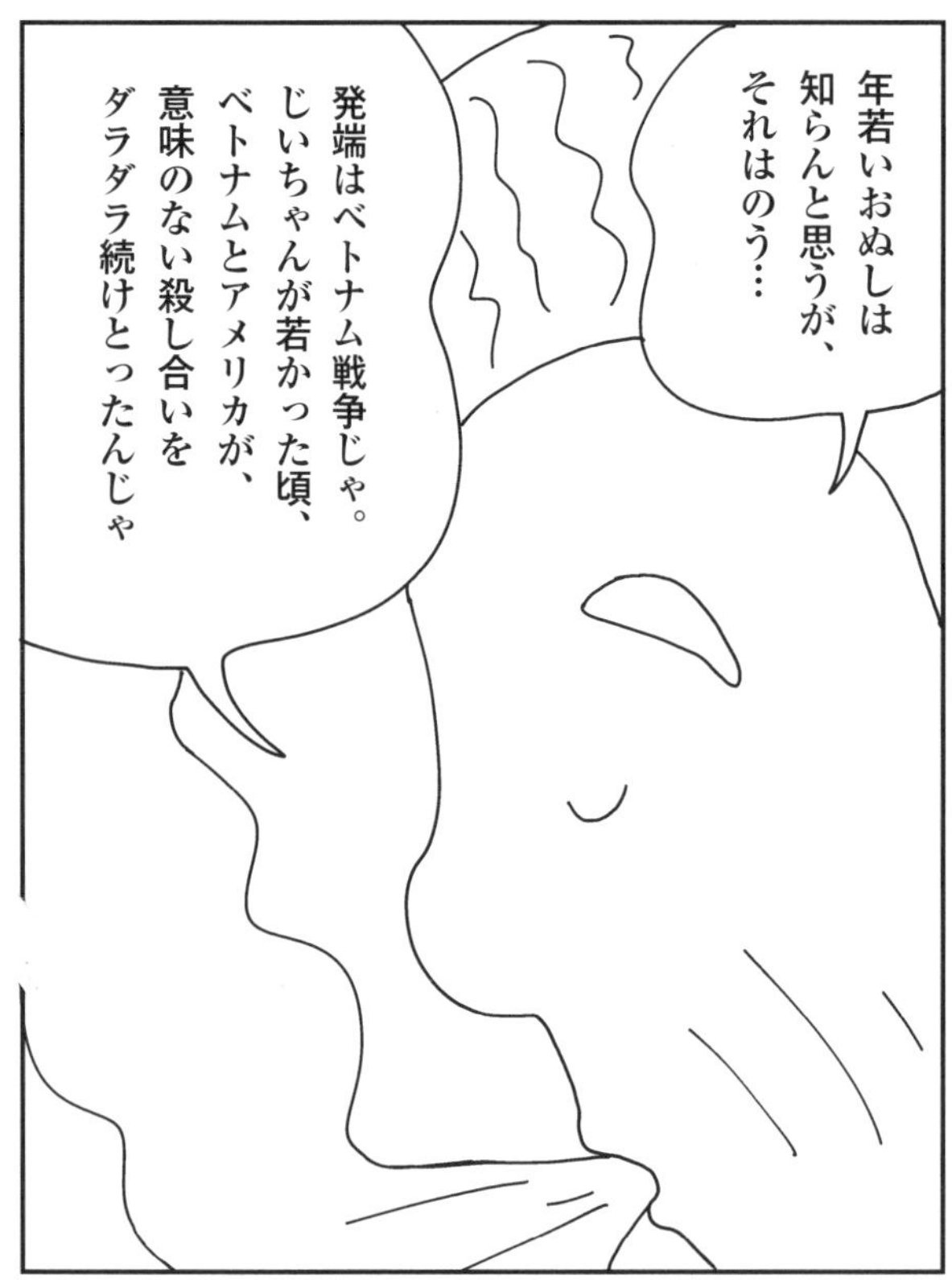
年若いおぬしは
知らんと思うが、
それはのう…
発端はベトナム戦争じゃ。
じいちゃんが若かった頃、
ベトナムとアメリカが、
意味のない殺し合いを
ダラダラ続けとったんじゃ

そのとき「戦争、やめろ!!」ゆうて叫んだ若者たちがアメリカにおっての。〝ヒッピー〟と呼ばれとったんじゃ。

ピース ピース
ふーん……

当時アメリカには〝徴兵制度〟いうもんがあっての……十八歳から二四歳までの健康な男性は、戦場にしょっぴかれよったんじゃ
一九六〇年代を通して、若者たちは、政府に対し「戦争反対!!」を叫び、ある者は、公衆の面前で徴兵カードを焼き捨て、キャンパスで、街で、大規模デモ行進をおこなった。

この連中は、じいちゃんと同世代だったんじゃ…

ほうか…でもじいちゃん、なんでこの人Vサイン出しとるんじゃ。

Vサインって〝勝利〟いう意味じゃろ?平和とか戦争やめれいうとったわけじゃろうが。それ、おかしゅーない?


ええ質問じゃ。たしかに、このサインはVICTORY、〝勝利宣言〟という意味でのう、いわば、体制側の〝戦争用語〟じゃった。

Vサインが有名になったのは戦前、時(とき)のイギリス首相チャーチルがテレビ・カメラに向かって二本の指を突き出し、それが広く大衆に流行したところから始まった、と伝えられる。

当時〝ボディーサイン〟とかいうとったが、頭の良いヒッピーたちは、このVサインの意味をひっくりかえして用いたんじゃ!
勝利 VICTORY
ペチッ
愛と平和 LOVE&PEACE
パタン

ピース
ピース
なるへそ！
ピカッ
いつでもどこでも当時、ヒッピーは微笑みながらＶ（ピース）サインを突きだした。愚かな戦争なんてやめようや。平和が一番。反戦の意思表示じゃった。井上順ちゃんだけじゃない。ジョン・レノン、ジミ・ヘンドリックス、ジャニス・ジョプリン……世界中にピースは大流行したもんよ。
ヒッピーって、かしこいんじゃのお……ヒッピーいうたら、ナマケモノとか、キッタナイ服着て日がな大麻を吸うとるイメージが、なんとなくあったんじゃが。
考えを改めんといけんの。
Ｖサインの意味を、昭和時代の著名タレント・井上順のＣＭ動画から知ったことで、ぼくはがぜんヒッピーというものに関心を持ちはじめた。
じっさい、ヒッピーってどんな人たちなんじゃろ？　ぼくはヒッピーについて猛烈に学びたいと思った。このじいちゃんは大物発明家で、ひそかにタイムマシンを完成させていたのである。ぼくはヒッピーを〝実地体験〟したいと、じいちゃんに相談すると――
ペタッ
ヒッピーを知りたければ、まず戦争（第二次世界大戦）直後の時代、一九四五年に行くのがよかろう。
ぼくはじいちゃんから教えられた「ヒッピーの起源」といわれる時代にワープした。
ちゃぶ台型タイムマシン
ペロリさん
（2人乗り）
バッヒューン

【ヒッピーとは何者か】（了）

ヒッピー・ボタン 1

「POT」はマリファナをさす一般的な言葉

LSDによる幻覚体験を、
映画の視聴になぞらえて礼賛している

60年代、女性解放運動が高まりをみせた。闘士たちは女性の意識を高めるべくして、ブラジャーを抑圧の象徴ととらえる問題を提起。ブラジャー着用に反対する抗議活動をおこなった

ティモシー（ティム）・リアリー（1920-1996）は元ハーヴァード大学の心理学科教授。「サイケデリック伝道師」として知られ、LSDを摂取することで世界平和の実現を推進する活動に専念していたが、派手な活動がFBIに目をつけられ、逮捕・勾留が繰り返された。ティムへの支援運動として「リアリーに手を出すな」のメッセージが生み出された

「FLY A KITE」＝大麻吸引

既成の教会に飽きたらなさを感じたヒッピー（もしくはヒッピー的な若者）たちは、みずからが運営主体となり、サンフランシスコのバークレーに「フリー・チャーチ」（自由教会）第1号をつくりあげた。新しい教会のありかたを示唆する組織のスローガンとして「イエスもヒッピーだった」が採用された。イエス・キリストは変革期に際しての理想的男性像とされた

生物学で女性（雌）をあらわす記号に、抗議のゲンコツを組み合わせた記号。ウーマン・リブ運動を象徴している

1945-
1962

ビート・
ジェネレーション

ヒッピーの前史として、
ビートの発生について説
明したい。
ヒッピー・カルチャーの
出来事の数々が、アメリ
カの一九五〇年代に種を
播かれている。
〝ビート〟（beat）には三
つの意味がある。

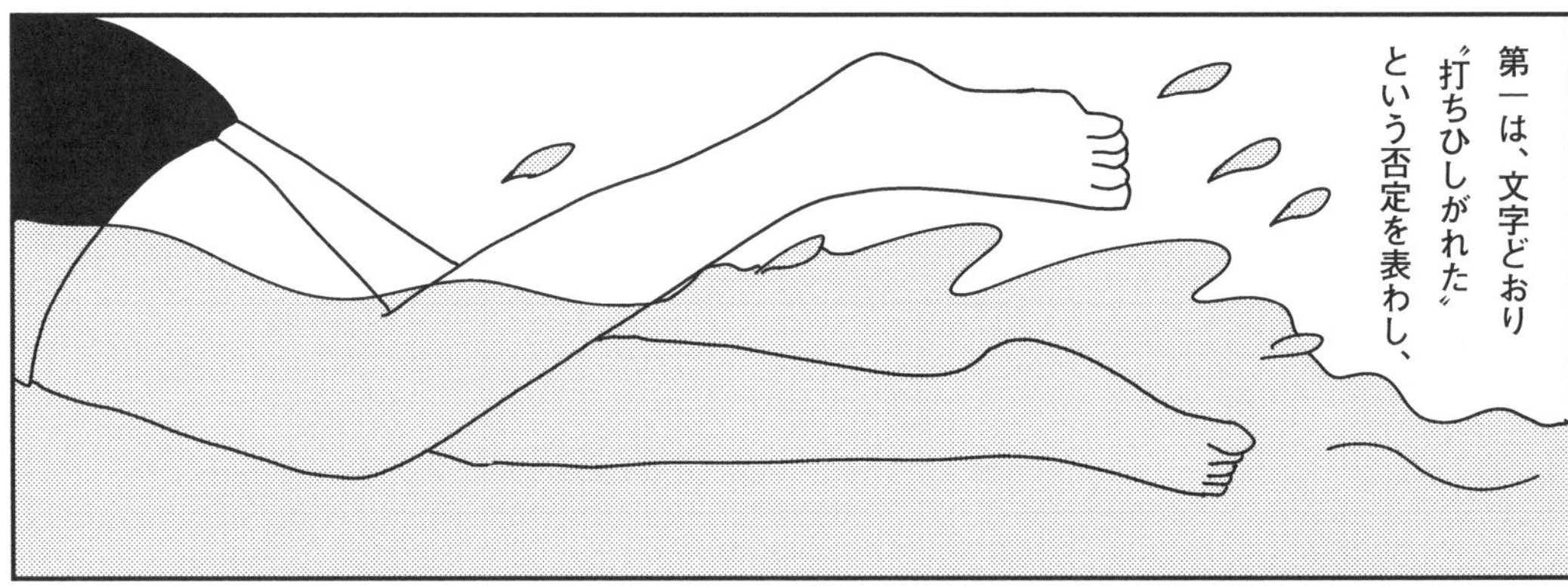
第一は、文字どおり
〝打ちひしがれた〟
という否定を表わし、

第二にはジャズの
ビートで、生命力
のリズミカルな
躍動（heart-
beat）を意味
する。

第三のビートは〝ビアティ
フィック（beatific）〟、禅に
おける至福の世界を追究する
者の意味である。

＊ヒップスター：ヒップな人間。画一的な追従や戦争に反発を感じて、意識的に孤立した境地に自分を置いている人びと。政治にも一見無関心で、自然発生的な実存主義者と考えることができ、〝ビート詩人〟といわれる人たちもヒップスターといえる。

元は黒人仲間で使われ、「貧しい、打ちのめされた、疲れ切った、食いつめた、浮浪者暮らしの、地下鉄で眠る」といった意味だったが、〝ヒップスター〟(＊)と呼ばれる人たちが使いだしてから、にわかに内面的ニュアンスに富む言葉になった。

あの〝ビートルズ〟のバンド名にも〝beat〟の四文字が含まれている。ビートルズの由来は「カブトムシ」から採ったとするのが定説となっているが、それに従うなら〝beetles〟となる。

アメリカで一九五〇年代に大人になった世代に共通する特徴は、この世代が、豊かさにひたりながら人格形成されたことである。

五〇年代のアメリカで盛んに用いられた〝アフルエンス〟(affluence)＝豊かさ、という言葉がある。

アフルエンスは一九五八年発表のベストセラー、ジョン・ガルブレイス『ゆたかな社会』でも使われていた。

一九四五年から七三年にかけてアメリカの繁栄(はんえい)は一向に衰えをみせることなく、自国の歴史上で最長記録を樹立。

四五年までに経済力において、アメリカは世界トップの地位を占めていた。

第二次大戦の傷もいやされた。

戦争が終わると、消費者の要求は一気に高まった。政府主導で資本は公共事業に投与され、繁栄が始まった。

戦争勝利の歓(よろこ)びは、〝ベビー・ブーム〟となって現われた。

アメリカの出生率は一九四五年から四六年にかけて十九パーセントも上昇。さらに翌年も十二パーセントを維持。その後三年間落ち着きをとりもどしたあと、再び上昇して、六〇年代初期まで続いた。

生まれてくる子供たちは、経済成長をはかる尺度でもあった。「ゆたかな社会」は、経済学的現象であるばかりでなく、人口統計学的現象でもあった。

アメリカ人は消費財をかつてないペースで獲得しつつあり、〝アメリカン・ウエイ・オブ・ライフ〟を形成した。巨大産業は需要をつくりだし、消費者向けの商品を洪水のように送り出した。

新しい家、自家用車（二台以上）、テレビ、ステレオ、冷蔵庫、自動皿洗い機、乾燥機、自動開閉式のガレージ……。

しかし、豊かな五〇年代は同時に不安にとりつかれた時代でもあった。体制に順応していれば満足が得られ、豊かな社会はユートピアを産み出すと信じられていた。ただし豊かさは同時に競争を意味した。中産階級の人間は実力主義のレースにどれだけ生き残れるのかと不安になった。

世界に目を向けてみると、ソビエト連邦共和国（ソ連＝現在のロシア）の存在がアメリカの理念に重大な脅威を与えていると考えられ、一九四五年、アメリカにとって国防のよりどころとなった原爆は、四九年、ソ連が手に入れることによって逆に脅威になる。

核兵器の存在は東西対決をよび、未来戦争の恐怖は〝冷たい戦争（冷戦）〟と呼ばれた。

同時期、「赤狩(あかが)り」が起きた。ジョセフ・マッカーシー共和党上院議員が、アメリカ共産党員に対し、赤狩りと呼ばれるヒステリックな〝異端排除〟を開始。党員や市民を追求し逮捕することでひどく恐れられた。

冷戦、赤狩り、管理体制のきびしさなどで、「ゆたかな社会」にもかかわらず、アメリカ国民は絶望的になっていた。

そのとき、とても風変わりな人たちが登場してきた。顔じゅうがひげだらけで、あらゆることに不満で、アメリカ的な生活と西欧文明を否定し、東洋文明にめざめることで生き残りの道をみつける——

〝ビート・ジェネレーション〟と呼ばれる人びとである。アメリカという巨大組織に対して、ひとりの人間という個が組み込まれるのはいやだと、手足を突っぱねて抵抗した。

激しい生存競争のただなかにあった社会。その狂ったラット・レースに巻き込まれることから逃れようと、ビート・ジェネレーションは、社会のあらゆる面に対し、はげしく非難の声をあげていた。政治も、結婚も、銀行も、宗教も、高等教育もビート・ジェネレーションの攻撃の的になっていた。

アメリカの国民所得
右肩あがり

ビート・ジェネレーションは、非人間的なシステムに満ち溢れた現代社会とは考える価値すらなく、ノリのきいた白いシャツを着て、毎日ひげを剃り、定時に出社するような社会から脱出したいと考えていた。

自分たちの精神を主張するためには社会から離脱（ドロップ・アウト）するより他に道がない、と説いた。

ただし、このように考える人間が出現するのは珍しいことではない。〝ボヘミアン〟（bohemian）の存在は、いままでもあった。〝ホーボー〟（hobo）と呼ばれたひげだらけの放浪者たちは、西部への鉄道が敷かれるずっと以前から、アメリカ各地でよく見られた。

世捨て人や変わり者の芸術家なら、いつの時代もあった。

ビート・ジェネレーションのむちゃくちゃで乱暴な言語感覚にしても、パリのダダイスト（dadaist）やニヒリスト（nihilist）たちを始めとして、〝はみだし者〟たちは、今日にいたるまで長い間、絶えることなく数多く存在してきた。

しかし、世間からはみだし者の大部分が無視されたのに比べて、ビートは世間から注目され、のちに出現するヒッピーに対し、強い影響を及ぼしたのだ。

〝ビート〟という言葉は一九五三年、詩人であり作家であるジャック・ケルアックを中心としたサークルによって生まれた。

ビート詩人ケネス・レクスロスのサンフランシスコの家をたまり場にしていた若者たちが、一九五五年秋、〈ギャラリー・シックス〉という場所で詩の朗読会を開いたが、そこで初めてアレン・ギンズバーグの「吠える／HOWL」が読まれ、共感の波をひろげた。

たいていのアメリカ人は〝ビート〟という言葉、あるいはそれから派生した〝ビートニク〟という言葉から、ひとつのイメージを作りあげている。

男性＝タートルネック・セーターの上に、手づくりの銀の十字架をぶらさげ、サングラスをかけ、革サンダルをはき、あごひげを生やし、世界の苦悩を一身に背負ったような表情。

女性＝男性のような丸首シャツ、黒のレオタード。髪をばさばさにし、吊りあげて描いた眉、どぎついアイ・メイク、社会を小馬鹿にしたような目つき……。

ビートは、画一主義的な知識人の服装を嗤う。それは〝アイビー・リーグ・スタイル〟というやつで、ハーヴァード、エール、プリンストンなど、有名大学の学生たちが好んで着ていた次のようなスタイルだ。

- 黒っぽい三つボタンの背広
- 襟のばか高いワイシャツ
- カフス・ボタン
- 黒っぽいネクタイ

〝ビート語〟というものもあった。主にジャズ・プレイヤーの間の流行語や、ドラッグ中毒者のスラングを借りてきたもので、いまでは慣用語になっているものも多い。

ディグ(dig)
＝理解する、評価する、
性交する、傾聴する、
賛成する等に用いられる

チック(chick)
＝ビート女性の総称

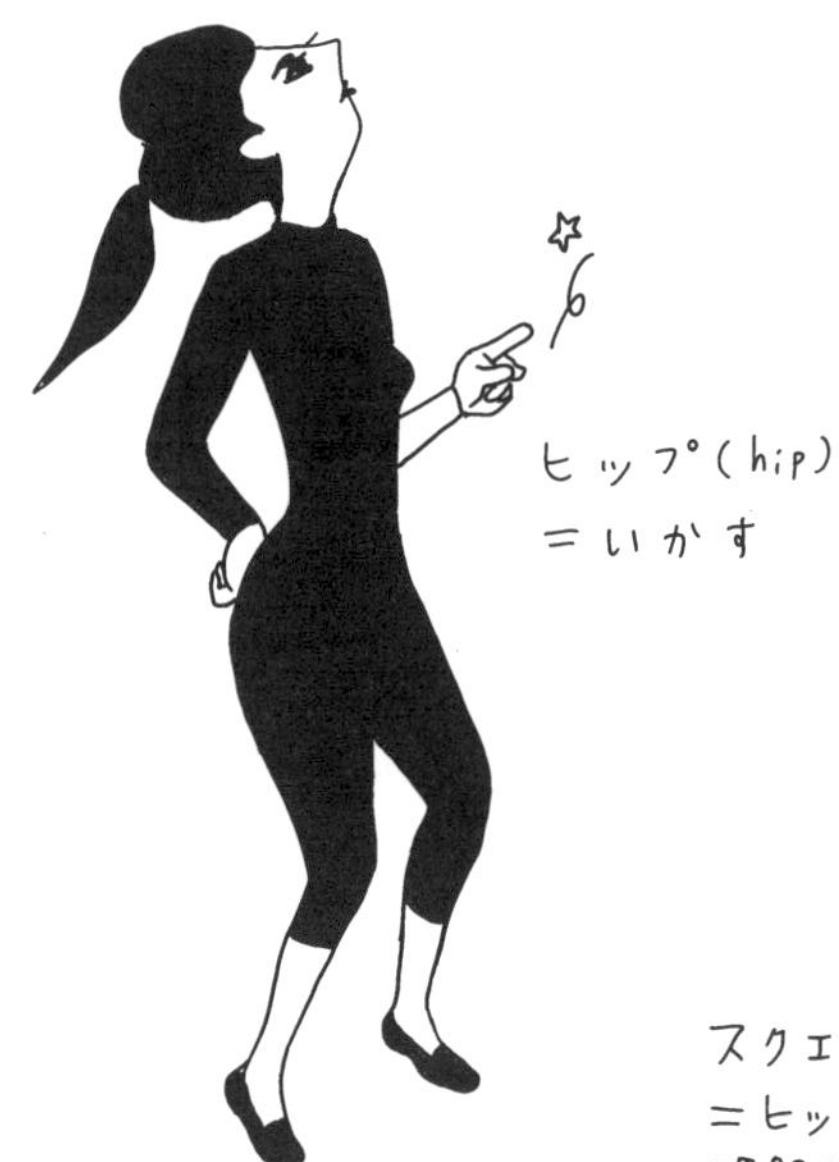

ヒップ(hip)
＝いかす

キャット(cat)
＝ビート男性の総称
「ヒップスターはクールキャットだ」
(cool cat)
などと使う

スクエア(squere)
＝ヒップを理解できず、
理解しようとしない人
順応主義者。軽蔑の対象

ヒップスター(hipster)
＝hipを実行する者

スペード・キャット(spade cat)
＝黒猫、つまり黒人を意味している
ビートは黒人を尊敬し憧れの目で眺めていた

スウィング(swing)
＝強烈なジャズのリズムに
陶酔すること
抑制されず解放されること

ビート・ジェネレーションの行動に刺激されて、小さな倉庫みたいな場所を借りた詩の朗読会（ポエトリー・リーディング）が都市や大学のある街ではやりだし、ナイト・クラブや小さなカフェが各地に出現した。店のなかには雰囲気を演出するため、ビート詩人を店員に雇い、客に向かって乱暴な詩を怒鳴らせているところもあった。

Be in love with yr life
安ワインに慣れすぎると高級ワインがまずく感じるよ
席がなくてもこんなに近くで見れるなら、おくれて良かった～雨に感謝だ
FOOD
DRINK

30の言葉のうち 3くらい賛同できる のこり27は 他の誰かのものだ
人はたくさん いるが、手洗いは ひとつしかないんだ 早く出て来てくれ
テーブル クロスって必要 ？
もっと早く来れば 座れたのに…… 出がけに雨さえ 降らなけりゃなあ
CAF

ビートはだいたい、
三つのグループに
分けることができる。

第一グループ＝ボヘミアン

特徴：きたない格好、ひげだらけの顔、青ざめた表情、不機嫌な表情。売れない作家、自画自賛する詩人、孤独な変人、中途半端な画家、学者くずれ、売れないダンサー。ニューヨークのグリニッジ・ヴィレッジあたりでは、戸口のあたりに腰を下ろしていたり、大衆向けのレストランにたむろしている。サンフランシスコでは、観光客が彼らに出くわして、驚かれることも。

このようなボヘミアンの周囲を、次のような第二グループがとり巻いている

第二グループ＝ウィークエンド・ビート（週末限定のビート）

特徴：職業に就き、あたりまえの生活をしているが、土曜日の夜ぐらいはビートのようにはめをはずした状態になってみたいと思う人たち。しかしこれら二つのグループも、実は次の人たちの〝コピー・キャット〟に過ぎない。

第三グループ＝ビート詩人

特徴：極端に反社会的で、個人的な不平不満に心を苦しめている異端者たち。それにもかかわらず、アメリカで多くの人々がビートに関心を持ったのは、彼らの行動力にひかれたからだろう。

大づかみにいえば、ビート・ジェネレーションは戦後のアメリカ社会の幻滅と不安の産物である。ビートの世界をつくり出すための中心になった人物は、ジャック・ケルアック（代表作：『オン・ザ・ロード』『ダルマ・バムズ』ほか）と、詩人アレン・ギンズバーグ（代表作：『吠える・その他の作品』『カディッシュ』など）

ビートが誕生した一九五三年。この年にギンズバーグを始めとして多くのボヘミアンたちがジャック・ケルアックに従ってニューヨークからサンフランシスコに移ってゆき、

この土地こそ自分たちに適した場所だと決めて、ノース・ビーチと呼ばれる地区に住居を定め、のちにビートの基調となった作品を書きはじめた。

ビート・ジェネレーション
という言葉を
作った人として知られる
ケルアックは、
髪の黒い頑丈そうで
ハンサムな男。

一九四一年、
コロンビア大学二年生の
ときに突然退学し、
そのまま高等教育を
受けることをやめてしまう。

ガソリンスタンド店員、
船員、鉄道の制御手となり、
ホーボーたちと共に
アメリカ各地を流れ歩いた。

クルマを駆って猛烈なスピードで
アメリカ国内やメキシコを放浪する若者を描いた
ケルアックの代表的な小説
『オン・ザ・ロード（路上）』には、
彼が各地を流れ歩いたときのエピソードが含まれている。

「ぼくの性に合う人間といえば、
気狂いじみた人間、狂おしく生き、
狂おしく語り、
狂おしく救いを求め、
一度にあらゆるものを
望んでやまぬ人間であり、
決して欠伸をしたり、
平凡なことをいったりせず、
ひたすら燃えに燃え、
途方もないローマ花火さながら
星空に蜘蛛みたいに燃えさかる
人間だけなのだ」
（ケルアック『路上』の一節より）

ケルアックは、口語体で文章を書いた。
長い紙を切れ目なく
タイプライターに送り込み、
何週間にもわたって小説を書き続けた。
ジャズ・ミュージシャンがエモーションを演奏するように。

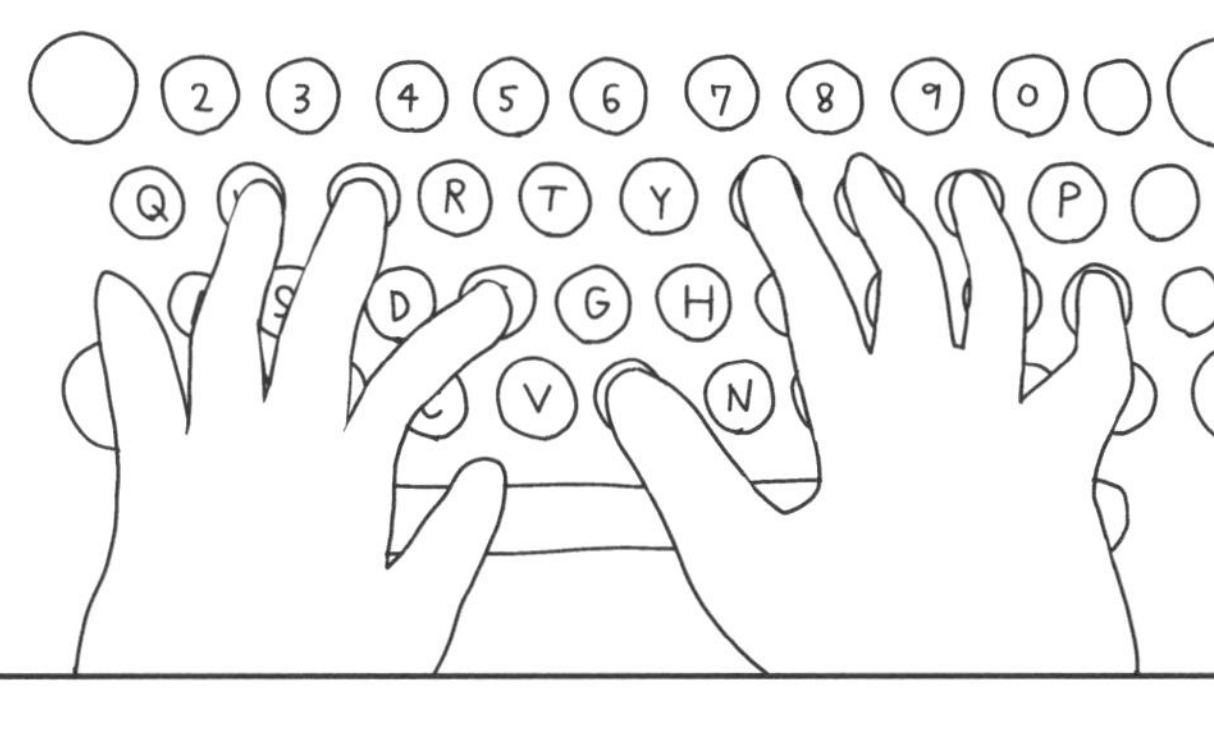

このような態度は、ビート・ジェネレーションのイメージを作りだす上で、大きな役割を果たした。「頭に浮かんでくるものは、どんなものでも書く値打ちがある」という妄信だが…。

アレン・ギンズバーグという詩人は、ケルアックほど有名ではないが、実際にビート・ジェネレーションに与えた影響からいえば、彼のほうが重要かもしれない。

若い頃のギンズバーグは痩せて色黒で、メガネをかけ、自作の詩を、息の長い韻文により、恐怖と抗議をひどく誇張して表現するところが巧みだった。ホモセクシュアルであり、露出癖をもっていた。

彼の書いたもののうちで最も有名な作品「吠える」から、冒頭部を引用する。

僕は見た　狂気によって破壊された
僕の世代の最良の精神たちを　飢え　苛ら立ち
裸で夜明けの黒人街を腹立たしい一服の薬を求めて、
のろのろと歩いてゆくのを
夜の機械の　星々のダイナモとの
古代からの神聖な関係を憧れて
しきりに求めている天使の頭をしたヒップスターたち
ある者らは　金もなく　ぼろぼろのシャツを着て
うつろな服でタバコをふかし
湯も出ないアパートの超自然的な暗闇で
都会の上を漂いジャズを瞑想していた
ある者らは　高架鉄道の下で
神に捧げる脳みそをあばいた
そして　貧民アパートの屋根の上で
よろめいているモハメッド的な天使たちが
照らし出されるものを見た
ある者らは　戦時給費学生にまじって
アーカンソウとブレイク風の悲劇の幻影がちらついている
晴れやかなつめたい目つきをして大学を卒業していった
ある者らは　骸骨の窓に関するワイセツな詩に熱狂し
それを発表したために大学を追い出された
ある者らは　髭もそらずに下着姿で
紙くず籠の中でドルを燃やしながら
壁越しにきこえてくる恐怖の声におびえていた
（＊以下、えんえん続くが、後略）

（諏訪優 訳『ギンズバーグ詩集　増補改訂版』思潮社刊）

これは精神病院に入れられていたカール・ソロモンという男性に捧げられた詩だが、当時アメリカでは、いちど精神病者とみなされると、その人間に即「不道徳」という診断が下され、社会に不適応なものが一方的に悪とされる傾向があった。

しかし、そういう人間を産み出す社会に対しては、まるで反省が向けられなかった。
ビート・ジェネレーションは、順応を強制される社会に耐えられなかった。
世界が合理的なシステムに向かっていくという体制側の考え方に生理的な違和感があったのだ。

「吠える」は一九五七年、
サンフランシスコ市当局
から猥褻文書であると
告発されて
裁判になったが、
そのことがこの本を
逆に有名にした。

ギンズバーグ曰く、ビート・ジェネレーションの出現は宗教的現象で、ビート（打ちのめされて、世間に愛想をつかせた）という言葉は、「至福（beatitude）」という言葉に通じるものであると。

多くのビートと同じように、ギンズバーグもドラッグの常用者で、「アメリカ市民は自分が欲するドラッグを自由に手に入れる憲法上の権利がある」と強烈に主張した。
また、彼は、「ドラッグのヤミ値を吊り上げるために、アメリカ政府とマフィアとの間に秘密協定が結ばれている」と、陰謀説のように叫んでいた。

詩の朗読会で、ギンズバーグは、
ライオンのように
激烈な調子で詩を朗読した。

ロサンゼルスの朗読会で聴衆の一人が、いったいギンズバーグはその詩のなかで何を言おうとしているのかと質問した。
ギンズバーグは「〝裸〟（naked）であることだ」と答えた。
「〝裸である〟とは、いったいどういうことだ」と相手が重ねて質問すると、ギンズバーグは壇上で、するすると衣服を全部ぬぎ捨ててしまった！

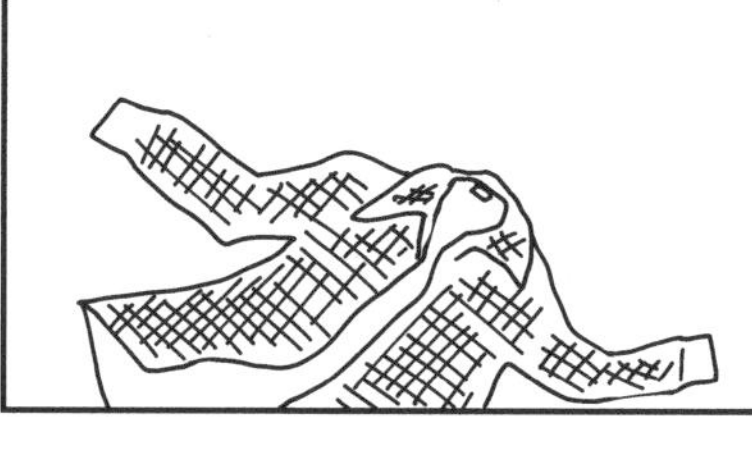

文学形式の無視、セリフの即興的発想、人を驚かせるための見解……ビート族の作品の全般的な水準は高くないものだったが、少数ではあるけれど直観のひらめきを見せる作品もあった。

かけ値なしにすぐれていると評価された作品は、前衛派の文芸誌『エヴァーグリーン・レヴュー』などに取り上げられ、世に紹介された。

先ほど、ギンズバーグが同性愛者だったことに触れたが、ビートの男性は、同性と性的関係を結ぶものも多かった。彼らは、世間一般に行なわれる結婚を、「愛情のない合法的売春」といって非難した。

女性のビートについても触れておきたい。女性のビートの数は、比較的少ない。女性は男性に比べてずっと現実的なので、男から男へと渡り歩く女のビートなどは、いたとしても、ごくまれであった。

ノース・ビーチのビート・ジェネレーションの間では、「一人前のボヘミアンであるためには、女が彼のために働いて食べさせるようにならなければならない」と言われていたとか…。男性ビートが女性に対してほんとうに欲していたものは、愛情やセックスより、金銭的な援助のようである。

アメリカの大学では、ビート思想が何らかの形で学生に影響を与えていた。
中西部や南部の州では、ウィークエンド・ビートが集団を作る現象さえ起こり、

ジョージア州アトランタではオールナイト・パーティが開催され、ボンゴが鳴り続くなかでマリファナも吸われていた。
当時のアトランタは黒人差別のはげしい土地にもかかわらず、黒人たちを招待して、ジーンズをはいた白人たちが一緒になってビート・パーティをやっていた。

しかし、アメリカではビートのほとんどは、ニューヨークか、太平洋岸、それもロサンゼルスかサンフランシスコに集まっていたといっていいだろう。

ロサンゼルスには当時、二千人以上のビートがいて、大部分がベニス・ウェストの貧民街に住んでいた。

さびれた場所で、家賃が安かったからだ。

彼らは敷き布団と、いくつかの食料品の缶詰め、レコード・プレイヤー、テープレコーダー、ボンゴといったような、わずかばかりの物を持っているだけで、空（あ）き家になった店や、海岸近くに点在する安いたまり場（パッド）に住んでいた。

サンフランシスコのノース・ビーチも有名なビートの拠点である。

グラント・ストリートがその目抜き通りで、壁には詩の朗読会、ジャズ演奏会、講演会など、さまざまなポスターが貼られていて、薄汚いたまり場が二軒あった。

ユダヤ人経営のベーカリー〈コ・イグジスタンス〉と〈ザ・プレース〉である。

彼らはどうやって生活費を稼いでいたのか？

本物のビートは、生きていくために必要な以上の金はめったに持ってなかった。

あるものは、おそらく親から生活費をもらっており、またあるものは、ときどき仕事をしている。たいていは雑用か、熟練を要しない仕事である。カフェに行って詩を朗読したり、画を売ったり……。仕事についたとしても、部屋代が稼げたり、失業保険金をもらえるだけの日数を働くと、さっさと仕事をやめてしまうのが常。

だいたいにおいて、彼らはマリファナが手に入ればそれを吸い、安ワインかビールを呑んでいる。多くは質素な生活をしていたが、「お金はたくさんいらない」というのが、彼らの基本的な考え方だった。

有名なビート詩人のゲーリー・スナイダーは、金が足りなくなると森林監視官や船員をやり、

金が出来ると、ミル・バレーの山中の掘っ建て小屋にこもって勉強したり、詩を書いたり、座禅を組んだり、たいへん質素な暮らしをしていた。

ゲーリー・スナイダー

地球の家を保つには

アレン・ギンズバーグは、たくさん朗読会をやったり、本を出したので、お金がたくさん入るようになった。彼は旅行費用とか食べていく上に必要なお金だけ手元に置いて、あとは全部、平和運動や関連する出版会社に差し出してしまったそうだ。

ギンズバーグは「これを絶対お金だと思わないでほしい、これは平和のための種子（たね）である」と言った。

一九五〇年代のアメリカでは、広い家と自動車を二台持つことが価値とされていたが、ビートは金に対する価値観がまるで反対であり、考え方によっては、精神的にたいへん豊かなものであった。

ギンズバーグはそれまで、きちんとライミングした、形のいい短詩をたくさん書いていた。しかし、一九五五年、ノブ・ヒル近くのアパートで「吠える」を書いたことで、
作風ががらっと変わってしまった
と書いている。

「……ところが僕は、
突然サンフランシスコで、
僕のロマンチックな
インスピレーション
――ヘブライ的――メルヴィール的な
吟遊詩人のささやきを追求することから
顔をそむけてしまったのだ。
一篇のちっぽけな詩など書かずに、
自分のイマジネーションを解放し、
何も包み隠さず、
勇敢に書きたいことを書き、
自分の心の奥底から溢れ出てくる
魔術的なラインを書きなぐって
――人生を要約し――自分が誰にも
示すことのできない何ものかを、
自分の魂の耳、あるいは他の、
数少ない黄金の耳に
きこえるように書こうと思った。」
――アレン・ギンズバーグ／諏訪優 訳
「「吠える」と「その他の詩」についての覚え書」より

ギンズバーグが種子をまいた「イマジネーションの解放」は、現在、ボブ・ディランやパティ・スミスの詩作に見ることができる。

一九五六年から五七年、ビート・ジェネレーションは『TIME』や『LIFE』などの全国誌に取り上げられ、マスメディアは、彼らを盛んに吹聴したり攻撃したり、いいようにもて遊んだ。

一九五八年、『サンフランシスコ・クロニクル』のハーブ・ケインという新聞記者が、〝ビートニク〟という言葉をコラムで初めて用いた。これは一九五七年のソ連がアメリカに先んじて打ち上げた人類最初の人工衛星、〝スプートニク〟にかけてケインが作った造語で、「ビートのライフスタイルを模倣する者」という意味だった。

一九五九年。アメリカじゅうの大学のある街や大都市で、若いフォークシンガーやギターをつまびく若者が、黒のタートルネック、黒のジーンズやタイツといったいでたちで

ジャズ演奏つきの朗読会に集まり、安いカフェで強いエスプレッソを何杯も飲んだり、マリファナを吸い、本や外国映画について語り合うという光景が見られるようになった。〝ステレオ・タイプ〟の登場である。

一九六〇年。ビート・ジェネレーションの活動拠点となったノース・ビーチには、有名になった彼らの生態をひと目見ようという人々が、観光バスに乗ってやってきた。

バスの中からビートたちのあごひげに眼をとめ、「ビートだ！　ビートだ！」とはやし立てる姿が目につくようになる。

ビート文化の商品化とそのイメージの消費が続く。

ノース・ビーチに「ビートニクと写真を撮ろう」コーナーが設置され、「ビートのためのサンダル・ショップ」が登場。ビート・ジェネレーションをテーマにした小説も多く刊行された。

観光客が増えたところから、不動産業者がノース・ビーチに目をつけた。

木造家屋の立ち並ぶ街区を買い占め、高層アパート化したことで、家賃が高騰する。

うんざりしたのだろう。ビートたちはノース・ビーチを離れ、ヘイト＝アシュベリーに移動していく。こうして文化的反乱としてのビート・ジェネレーションの役割は終わった。

1945–1962

年代	ビート／ヒッピー関連	社会の出来事
一九四五	●ジャック・ケルアック、ニュー・メキシコの感化院に留置されていたニール・キャサディから手紙を受けとる ●アレン・ギンズバーグ、カリフォルニア大学大学院を放校処分になる（寮の窓に学長侮辱の落書きをし、殺人事件の事情聴取を受けたケルアックを部屋にかくまったため）	■ハリー・S・トルーマン副大統領、第三三代大統領に昇任 ■ポツダム宣言 ■世界初の原子爆弾実験に成功（ニューメキシコ州、ロス・アラモス） ■広島、長崎に原爆投下（第二次世界大戦終結）
一九四六	●ジャック・ケルアック、ニューヨークでニール・キャサディと出会い意気投合する	■ストライキ史上最高に ■ベンジャミン・スポック『スポック博士の育児書』
一九四七	●ケルアック、キャサディと最初の大陸横断旅行に出る ●ギンズバーグ、ケルアックの紹介でニール・キャサディに出会う ●夏、ギンズバーグとキャサディ、ヒッチハイクでウィリアム・バロウズを訪ねる	■トルーマン・ドクトリン（冷戦時代に突入） ■マーシャル・プラン（ヨーロッパ経済復興援助計画） ■ハリウッドの赤狩り（非米活動委員会で証言を拒否した映画関係者十人が投獄される）
一九四九	●ギンズバーグ、友人の窃盗の片棒をかつぎ、警察に逮捕される。このとき父親とコロンビア大学教授の根回しで、ギンズバーグは精神病院に収容され、刑務所行きを逃れることができた。診療途中、カール・ソロモンに出会う（ソロモンはギンズバーグに、フランスのシュルリアリストやジュネなどを教えた）。退院後、父親の元で暮らす ●バロウズ、妻と子供とメキシコに移住し、「ジャンキー」の執筆を開始する	■北大西洋条約機構（NATO）発足 ■ハーバード大学で初の黒人教授を採用 ■アーサー・ミラー『セールスマンの死』出版、上演 ■ベビー・ブーム ■郊外住宅ブーム ■テレビ購入ブーム（一週間に六万台）
一九五一	●ケルアック、ニューヨークで三週間で「路上（オン・ザ・ロード）」を書き上げる（原稿は八十メートルもの長さの巻き紙にぎっしり書かれていた） ●バロウズ、パーティの席上で、妻ジョーンの頭の上に乗せたグラスをピストルで撃とうとし、誤って頭を撃ち抜いてしまう（弁護士を通じて不慮の事故を申し立て、二週間の監禁の後、二〇〇〇ドルの保釈金を払って釈放される）	■対日講和条約、日米安保条約調印 ■マッカーサー最高司令官解任（「老兵は死なず、ただ消え去るのみ」） ■コミックブックの流行が注目される ■サリンジャー「ライ麦畑でつかまえて」出版 ■ヘルマン・ヘッセ「シッタルーダ」出版
一九五二	●バロウズ、タンジールに渡り、男娼の家で「ジャンキー」の続きを書き、ギンズバーグに原稿を送る（『ジャンキー』はウィルアム・リーというペンネームで出版される） ●ジョン・クレロン・ホームズ、ビート群像を描いた『ゴー』を発表する ●ニューヨーク・タイムズに「これがビート・ジェネレーションだ」と題する記事が載り、「ビート」が流行語になる。以後、詩人たちの朗読会やマリファナ・パーティが催される	■軍人保護法発効（朝鮮戦争から帰還した兵士に、教育その他の恩典を与える） ■大統領選（共和党候補ドワイト・アイゼンハワー第三四代大統領が当選） ■“ロックンロール”という呼称の登場 ■『MAD』、ブラック・ユーモアを売り物にして創刊
一九五三	●この頃、ギンズバーグ、東洋思想への関心を抱きはじめる ●バロウズ、南米に渡り、幻覚植物ヤヘイ（アヤワスカ）を求めてジャングルの奥を探索する。春にはペルーに着き、先住民族と一緒に暮らし出す ●サンフランシスコ、コロンバス通りに世界初のペーパーバック専門店、〈シティ・ライツ・ブックストア〉設立される	■朝鮮戦争休戦協定調印（板門店会議） ■全国黒人向上協会（NAACP）、自由のための十年闘争計画を発表 ■ダレス国務長官、共産主義に対する「巻き返し」政策をテレビで発表 ■肺がんに対するタバコの害が報告され、禁煙運動始まる ■『TVガイド』創刊
一九五四	●バロウズ、タンジールの男娼窟に住み、「裸のランチ」の執筆を開始する	■ハクスリー『知覚の扉』出版。メスカリン服用時の影響が公開される
一九五五	●〈シティ・ライツ・ブックストア〉、「ポケット・ポエッツ・シリーズ」を出版開始する ●ギンズバーグ、サンフランシスコの〈シックス・ギャラリー〉で詩の朗読会を企画。ケネス・レクスロス（司会）ほか、フィリップ・ラマンティア、	■バス・ボイコット（黒人差別に非暴力で抗議するため、マーチン・ルーサー・キング牧師が指導／アラバマ州モンゴメリー） ■チャーリー・パーカー死去 ■ジェームズ・ボールドウィン『アメリカの息子のノート』出版

1. ヒッピーとビートの流れをつかむ一助として、アメリカにおける歴史の源流から現代に至る期間をカバーした
2. 全体を「1」「2」「3」と三つのパートに分け、項目を年代順に掲載。著作物の発行年度はアメリカでの刊行時に基づき記載。邦訳書のあるものは日本語のタイトルを用いた
3. 項目のリスト・アップについては、「3」末尾にまとめた書物に依拠している（編集部）

マイケル・マクルーア、フィリップ・ウォーレン、ギンズバーグ、スナイダーの五人が参加。ギンズバーグは二週間前に書き上げたばかりの三百数十行の長編詩「吠える／HOWL」を朗読し、集まった百五十名あまりの観客に絶賛を受ける

■「ヴィレッジ・ヴォイス」創刊（アンダーグラウンド・ペーパーの先駆）
■ジェームス・ディーン自動車事故死

一九五六

●ギンズバーグの母ナオミ、精神病院で狂死する
●ゲーリー・スナイダー、サンフランシスコから日本へ仏教修行に旅立つ
●バロウズ、ヘロイン中毒治療のため、ロンドンへ
●ギンズバーグの詩集『吠える』、〈シティ・ライツ〉から出版される（発行後まもなく、猥褻出版物の嫌疑から押収、発禁処分、告訴される）

■大統領選（アイゼンハワーが民主党候補アドレイ・スティーブンソンを破って再選される
■ダレス国務長官「瀬戸際政策」を『LIFE』誌上に発表
■エルビス・プレスリー「ザッツ・オールライト・ママ」でデビュー
■映画「80日間世界一周」ヒット

一九五七

●『エヴァーグリーン・レビュー』創刊二号でビート&サンフランシスコ特集（増刷に次ぐ増刷）
●ケネス・レクスロス、サンフランシスコのクラブで詩とジャズのミックス・イベントを試みはじめる
●ケルアックとギンズバーグがバロウズを訪問し、原稿整理を手伝う
●サンフランシスコ市裁判所、『吠える』は猥褻にあらずとの判決をくだし、詩人側の勝利に裁判が終わる
●ケルアック、完成後六年めにして『路上』を出版。ベストセラーのトップに躍り出て、五十万部のベストセラーを記録する

■ノーマン・メイラー、エッセイ「ホワイト・ニグロ」発表。〝街のわけ知り屋〟について「ヒップスター」と命名
■黒人の投票権を保護するための公民権法成立
■アヴァンギャルド文芸雑誌「エヴァーグリーン・レヴュー」創刊
■スプートニク・ショック（ソ連に人工衛星打上げで先を越されて）
■リトル・ロック事件（アーカンソー州リトルロックの高校で黒人学生の入学をめぐって暴動発生）
■ネヴァダ核実験
■フリスビー流行

一九五八

●国中に「ビート現象」が巻き起こる。街角にはサングラスをかけ、サンダルを履き、黒いジーンズ姿でボンゴを打ち鳴らす若者たちがあらわれ、街のあちこちに「ボヘミアン・カフェ」が次々とオープンした
●サンフランシスコ・クロニクルの名物コラムニスト、ハーブ・ケーンが、当時打ち上げられたロシアの人工衛星スプートニクにちなんで「ビートニク」という造語を考案する（たちまち国中の流行語に）
●ケルアック、ゲイリー・スナイダーとの出会いに触発されて『ダルマ・バムズ』を発表する

■中南米を親善旅行中のニクソン副大統領、デモ隊に包囲される
■アメリカ航空宇宙局（NASA）設置
■ジョン・バーチ協会設立（極右反共団体）
■アメリカ最初の人工衛星エクスプローラー1号打上げ
■営業用ジェット機（ボーイング707）、初めて大西洋を飛ぶ
■ナボコフ『ロリータ』出版（「ロリータ旋風」巻きおこす）
■フラフープ大ブーム

一九五九

●バロウズ『裸のランチ』、パリのオリンピア・プレスより出版
●バロウズ、ブライアン・ガイシンの考案したカット・アップ・メソッドを習得する

■ニクソン、ソ連訪問（アイゼンハワーとキャンプ・デービッド会談）
■ヴァージニア州で白人と黒人の共学がはじまる（しだいに南部諸州に広まる）
■第一回ニューポート・フォーク・フェスティバル開催

一九六〇

●ギンズバーグ、亡き母ナオミへの鎮魂詩「カディッシュ」を完成させる
●ティモシー・リアリーが、メキシコ中部にある友人の別荘に避暑にやってきて、近くに住んでいる原住民から買いとった不思議なキノコを口にする。七つほど食べた数分後、ナイアガラの淵から突き落とされる勢いで幻覚と妄想にたたき込まれ、キノコに目をみはる。それは昔からメキシコの原住民に伝わる「聖なるキノコ」で、この日以来リアリーはキノコの幻覚にひたる毎日を送り、幻覚剤がとてつもない意識拡大効果をもつ有用な薬品だったことを知る。ハーバードに帰ってから、自分を実験台にしてキノコがひきおこす数々の感覚拡大作用を研究しはじめる。
●ギンズバーグ、ティモシー・リアリーの研究室に招かれ、シロシビンを体験する

■U2機事件でジュネーヴ頂上会議が流産する
■大統領選（民主党候補ジョン・F・ケネディ「ニュー・フロンティア」を提唱し、ニクソンを破って当選）
■ピル（経口避妊薬）の安全性認められる
■ジョーン・バエズ「勝利を我等に（ウィ・シャル・オーバーカム）」ヒット

一九六二

●ケン・キージー、アメリカ社会を精神病院になぞらえた『カッコーの巣の上で』刊行。ベストセラーになる
●ギンズバーグ、念願であった仏教探究の旅、インドへ渡る

■キューバ危機（JFK、キューバにソ連がミサイル基地を建設中と発表、キューバ海上封鎖を命じる。フルシチョフからの返書で危機回避）
■SDS（民主社会のための学生連合）、トム・ヘイドンらによって結成

ヒッピー・ボタン 2

「NAKED（裸）」はヒッピーたちの
あいだで、物理的と精神的、双方で
用いられるキーワードだった

「HUEY（ヒューイ）」ことヒューイ・P・ニュートンは公民権運動の指導者。黒人の福祉向上を目的にブラックパンサー党を創立する。警官に向けて発砲したという罪で殺人容疑で逮捕、収監されてしまうが、無実を信じる支持者から「FREE HUEY（ヒューイを釈放せよ）」運動が起きた

「PEACE」（平和）とLOVE（愛）は、
ヒッピーたちが人生の指針とする理想であった

黒人差別へのプロテストソングとして公民権運動の中で唄われたフレーズ。元は黒人霊歌だったものが労働運動の合唱曲になった

一般に鳩＝平和の使いとされている。
くわえているのはオリーブの枝

ベトナム戦争の最中に戦争反対派が用いたスローガン。「ベトナムを愛せないものはベトナムを去れ」と一種のアイロニーを込めて用いられた

1963-
1969

ヒッピーの誕生

一九六三年。
この年、アメリカが
ドラマチックに変貌した。
ケネディ大統領暗殺事件

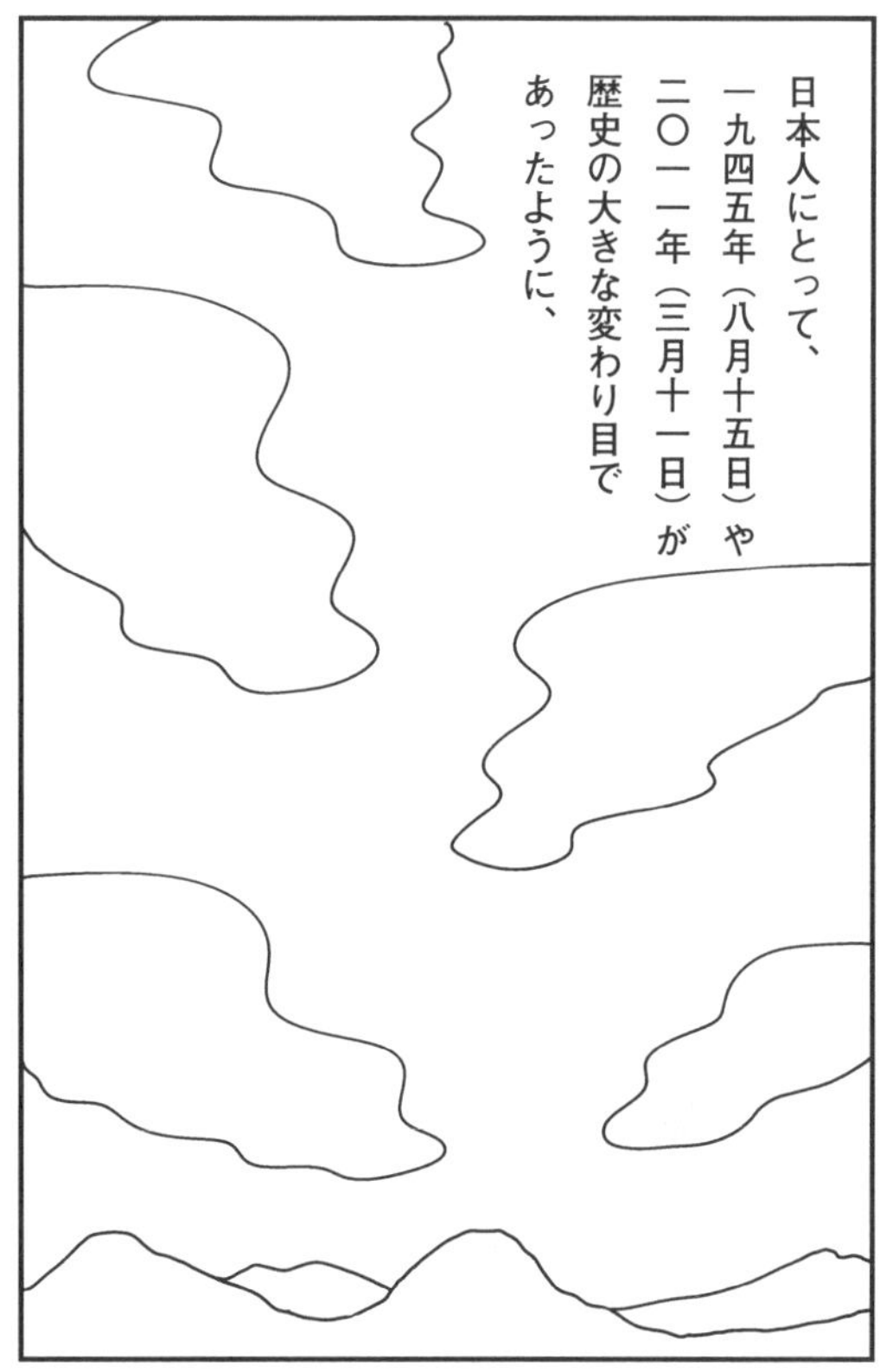

〝ユースクエーク（youth-quake）〟という言葉に象徴されるように、すべてが揺れ動いた時代。旧来の価値観が崩れ、新しい価値観を求めて人々は模索した。

youth＝若者
quake＝震動
若者による反乱

※earthquake＝地震

ベトナム戦争のつづいていた1960年代のアメリカには、いろんなことがあった

ベトナム戦争のぼっ発

ノースカロライナ州グリーンズボロの四人の黒人学生による、食堂カウンターへの座り込み

ヘミングウェイが死んだ（自殺）

マリリン・モンローも死んだ（自殺か他殺か、現在も不明）

ボビー・ジマーマンという男がミネソタの田舎町からやってきて、ボブ・ディランという名前で、アメリカの音楽を変えた。

How many roads
must a man walk down
Before you call him a man?
How many seas
must a white dove sail
Before she sleeps
in the sand?
Yes, and how many times
must the cannon balls fly
Before they're forever banned?

黒人たちの公民権運動があって、人口の10パーセントあまりを占める黒人に「市民権」がなかった事実を、アメリカ人がはじめて知った

大学当局が広場の使用を禁じたことをきっかけにカリフォルニア州立大学バークレイ校の大学生マリオ・サビオが、「フリースピーチ運動」をはじめた

インディアン解放運動がはじまり、北米大陸の土地は、白人よりもインディアンに「先住権」があるのだ、と知らされた

マーティン・ルーサー・キングがメンフィスで暗殺された

チャールズ・マンソンの一味が、ビバリーヒルズの高級住宅地で、シャロン・テートというテキサス出身の女優を、黒ミサのような奇怪な方法で殺害した

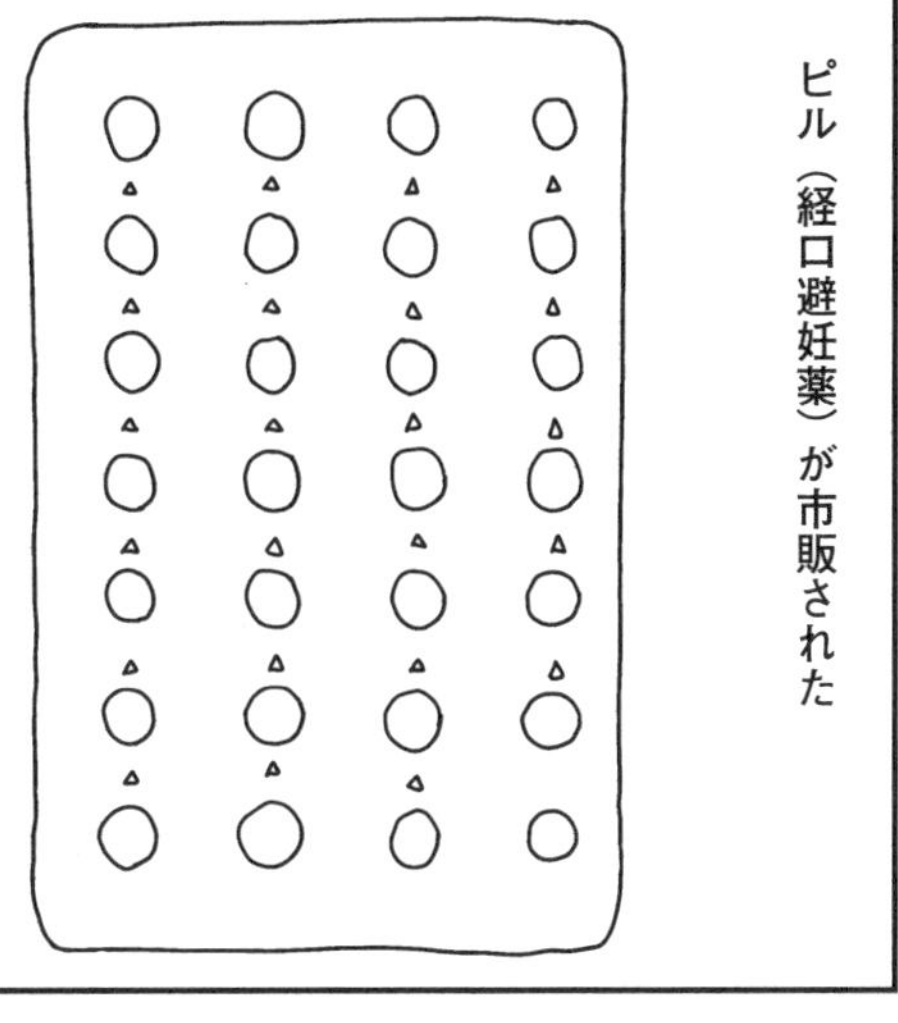
ピル（経口避妊薬）が市販された

エルビス・プレスリーが、不死鳥のようによみがえった

繰り返すが、一九六〇年代のアメリカは、混乱と変化の時代だった。黒人差別問題とベトナム戦争という社会的な矛盾が顕在化し、これまでのアメリカには見られない広範囲な大衆運動が起きた。体制（システム）に対して抗議し、異議申し立てをする抵抗運動が、各地であいついで起きた。

大衆による変革を求める運動に、若い人たちが次々に参加した。

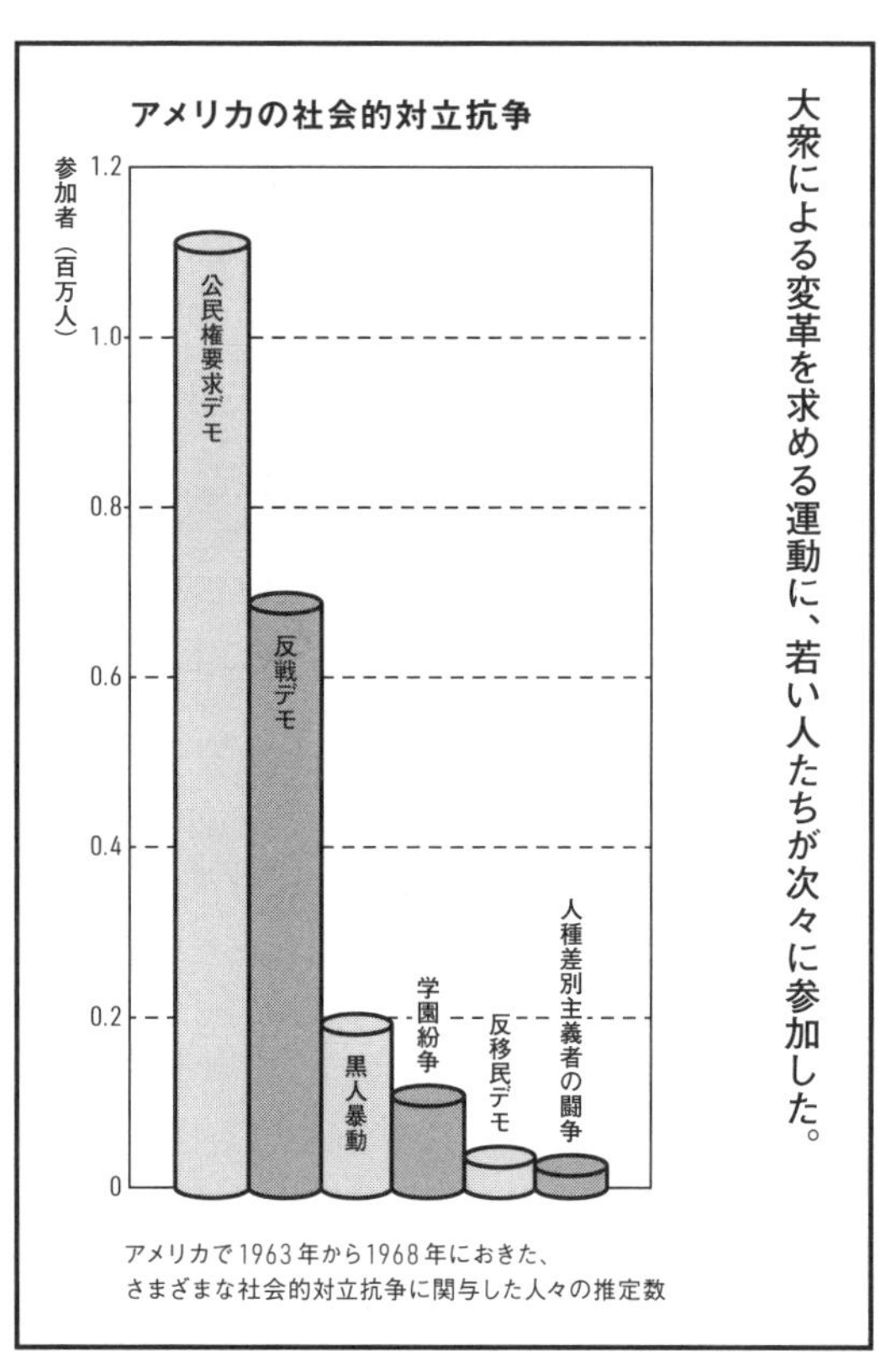

アメリカで1963年から1968年におきた、
さまざまな社会的対立抗争に関与した人々の推定数

変革を求める広範な大衆運動は二つあった。ひとつは、黒人の地位の向上を求める公民権運動だ。黒人の牧師マーティン・ルーサー・キングらが中心となり、ケネディが大統領に就任した一九六一年ごろから運動は大きな盛り上がりを見せるようになった。

1961年〜1963年、
アメリカのファーストレディ
だったジャクリーン

一九六三年八月二八日、ワシントンで行なわれた人種差別反対の大行進「フリーダム・マーチ」（ワシントン大行進）は、白人の若者たちも参加して、二〇万人の大集会になった。

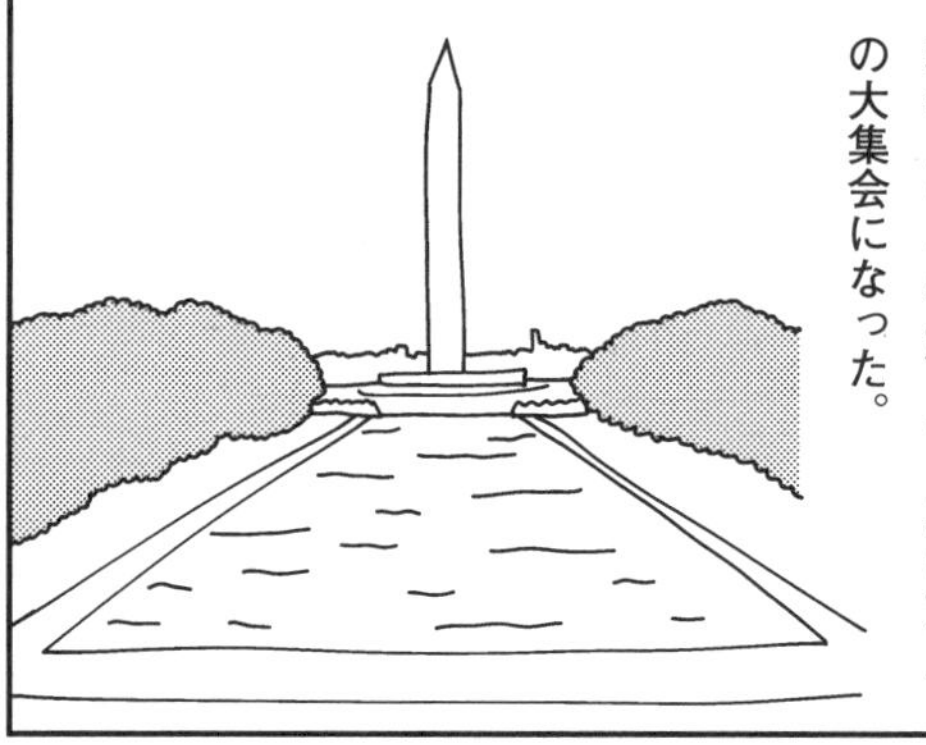

もう一つの大集会はベトナム戦争反対の運動で、一九六五年のアメリカ軍による北ベトナムへの空爆（いわゆる北爆）を契機に、若い世代を中心に、アメリカ各地で反戦デモや、ティーチ・イン（反戦集会）、レストランや校門前でのシット・イン（抗議としての座り込み）などが展開されるようになった。

反戦運動は、これまで、第二次世界大戦のときも、朝鮮戦争のときにもなかった。アメリカ社会はこれらによってはじめて大衆レベルでの反戦運動、政府の戦争政策への異議申し立てを経験する。そこから大きな社会変動が生まれていった。

一九六九年十一月にワシントンで行なわれた「ベトナム反戦大集会」には二五万人が参加した。ノーマン・メイラーはこの反戦集会に参加し、体験をもとに、ノンフィクション『夜の軍隊』を書いた。（ピュリッツアー賞受賞作）

アメリカの一九六〇年代文化を考えるとき、公民権運動とベトナム反戦運動、この二つの反体制運動は重要なポイントだ。政治レベル、社会レベルのカウンター・パワー（＊1）は、文化やライフスタイルにまでじょじょに広がっていき、そこから反体制の文化、カウンター・カルチャー（＊2）が生まれた。

ローザ・パークス
（公民権運動の活動家）

＊1 カウンター・パワー
「カウンター」は、この場合「反（アンチ）」ではなく、「逆」と考えてみるとわかりやすい。ボクシングなどで用いるカウンターパンチのカウンター。つまり、「カルチャーの力を逆利用して殴り返すカルチャー」という意味のようだ。似た言葉にサブ・カルチャーがあってややこしいのだが、こちらは「下のカルチャー」で、上に構えている主流カルチャーに見下されているカルチャーというような意味（カウンター・カルチャーに上下関係はない）。

＊2 カウンター・カルチャー
この言葉は、当時カリフォルニア州立大学の教授、セオドア・ローザックが命名した。ローザックはカウンター・カルチャーの発生を現代社会の機械万能文明に求めた。

若い世代はまず、既成の大人社会に対して「ＮＯ」を言い、離脱を唱えた。学生活動家ジャック・ワインバーグは「ドント・トラスト・オーバー・サーティーズ」という有名になったスローガンをかかげ、大人社会に「ＮＯ」を突きつけていった。
スローガン
30歳以上の大人を信用するな!!

世の中には「大人文化（スクエア）」というものがあった。アメリカン・ドリームとかサクセス・ストーリーといった、市民権をもったわかりやすい「文化」だ。早いところで適当に相手を見つけて結婚する、父親の事業を継ぐか大会社に入る、自動車が二台入るガレージつきの邸宅をかまえるため、時間を惜しんではたらき貯金する、というようなパターン。しかし若い世代は、こうした〝アメリカン・ウエイ・オブ・ライフ〟が、じつは白人が黒人を利用した抑圧の結果なのだと自覚をするようになった。ベトナム戦争も、小国に対する大国（アメリカ）の抑圧であることを見抜いてしまった。

そうした大人文化に背を向け、既成の社会のわくにとらわれないライフスタイルを求める人たちがある日、〝ヒッピー〟として街に大挙し、あらわれた。

一九六〇年代の半ばから北米サンフランシスコを中心に登場したムーブメントである。

二十世紀後半のアメリカの社会と文化をふりかえるとき、どうしてもふれておかなくてはならないのはドラッグ（向精神性薬物）である。最初に、ヒッピーたちは、メキシコから大量に流れてきたマリファナ（大麻）に夢中になり、「マリファナは値段的にはたばこより少し高くつくが、べらぼうに値のはるものではない（＊）。無害で習慣性はない」と強調した。

＊三十グラムで十ドル程度だった（一九六七年の記録）

マリファナの効用は、吸ってから効果のある三、四時間の精神状態の間、次から次へとすばらしいアイデアが浮かんでくる。これは〝トリップ〟と呼ばれ、自分をとても安定した精神状態におくことができる、という。マリファナは、別称〝ジョイント〟（紙巻き）といって、普通の巻きたばこと同じようにこしらえる。薄い巻紙に茶葉のような乾燥大麻を細く巻き、つばをつけて、一本の巻きたばこにする。このジョイントを、ひとりで吸うのではなく、よく、三、四人でまわし飲みする。

吸いかただが、深く強く深呼吸するように二、三度吸い、次の人にまわす。ヒッピーの間だけではなく、当時大学生の間にも、マリファナは、草の根的に広まりつつあった。

コーヒーショップの角を曲がった薄暗い小道で、バーで、あるいはキャンプファイアーを囲んで、マリファナを吸う。すると、空気中に青みがかった煙が柔らかく漂っていた……。当時マリファナは、かつてないほど手に入れやすくなっていたという。一九六五年頃までには、全米の大学に、潜在的な大麻吸引者数が膨れあがっていた。

マリファナを吸いながら、音楽を聴くことがはやりはじめた。マリファナを吸って授業に出て、マリファナを吸って買い物をし、マリファナを吸って美術館や映画館や遊園地に行く。すると、すべてが一変し、世界が生まれ変わって見える。酔いしれると、味覚がするどくなって、甘いもの——たとえばアイスクリームやチョコレート・バーがたまらなくうまい。音声を消してカラーテレビを見ると、万華鏡のようで、写り具合が楽しい。

そのころのマリファナの受容状況は、ポップ・ミュージックの歌詞に見てとることができる。ピーター・ポール＆マリーに「パフ」という有名な曲があるが、なんと、この歌はドラッグ・ソングでもあるらしい。正式タイトルは「Puff the magic dragon」といって、この題名から最後の on を除いてみると、吸い込まれたタバコが吐き出される時の状態、つまりドラッグを吸引するときのやり方を指しているのだと（本当だろうか）。

そして、ビートルズもドラッグを体験していた。「ルーシー・イン・ザ・スカイ・ウィズ・ダイヤモンド」（Lucy in the Sky with Diamond）は、単語の三文字をつなげると「LSD」になる。同じくビートルズの「イエロー・サブマリン」は、LSDの錠剤のことを唄った曲、と噂された。

ビーチ・ボーイズは、ドラッグを連想させる題名の「グッド・バイブレーション」で、トップ40の仲間入りをした。

ドラッグ・ソングでいちばん有名なものは、ジェファーソン・エアプレインの「ホワイト・ラビット」だろう。ルイス・キャロル「不思議の国のアリス」の題材を借りて、ドラッグの世界を唄っている。『アリス』は、ボーカリスト、グレイス・スリックの少女時代の愛読書だったという。

北部や東部だけではない。中西部でも、ヒッチハイクのように、行きずりの人にマリファナをたかる行為が、若者の間に流行した。

サインはV（ピース）。隣の車線を走っていた車がクラクションを鳴らして近づき、並行して走りながら窓をあけ、ニヤッと笑って一本のジョイントを差し出す——そんな光景が全米の各地で見られた。

マリファナは、若い世代の心の中にユートピアを築いた。彼らは陶酔のなかで、つかの間ではあるが、徴兵制やベトナム戦争に思いわずらわされたり、まどわされることがなくなった。
しかし、体制側は、若者のこうした動向を、不正で不道徳で危険なものとみなした。警察は、ドラッグを服用するもの、譲るもの、所持するもの、使用している場所にいるもの、コンサートで騒ぐもの、ほかにも服装が気にいらないものを、片っ端から逮捕した。
POLICE

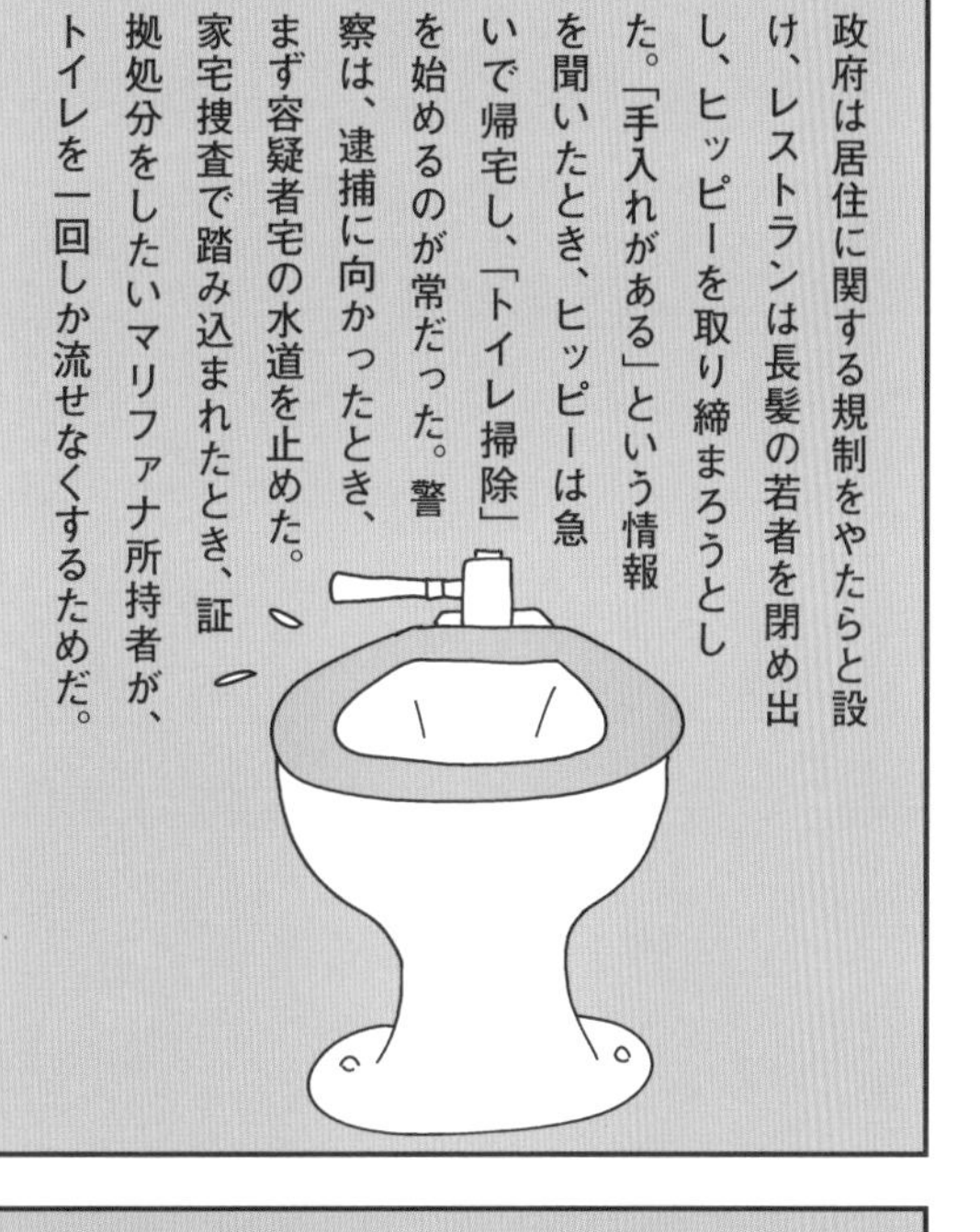

政府は居住に関する規制をやたらと設け、レストランは長髪の若者を閉め出し、ヒッピーを取り締まろうとした。「手入れがある」という情報を聞いたとき、ヒッピーは急いで帰宅し、「トイレ掃除」を始めるのが常だった。警察は、逮捕に向かったとき、まず容疑者宅の水道を止めた。家宅捜査で踏み込まれたとき、証拠処分をしたいマリファナ所持者が、トイレを一回しか流せなくするためだ。

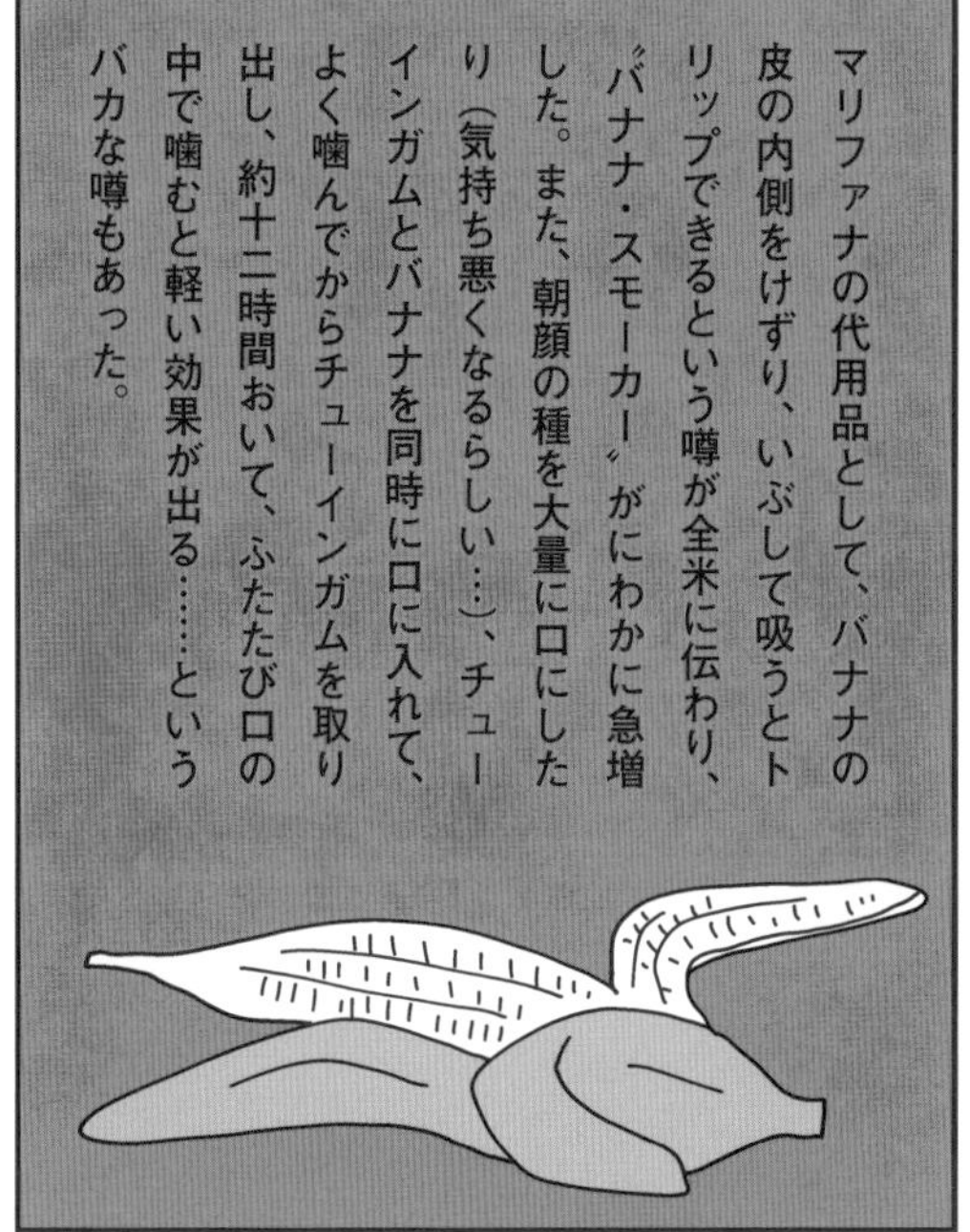

マリファナの代用品として、バナナの皮の内側をけずり、いぶして吸うとトリップできるという噂が全米に伝わり、〝バナナ・スモーカー〟がにわかに急増した。また、朝顔の種を大量に口にしたり（気持ち悪くなるらしい…）、チューインガムとバナナを同時に口に入れて、よく噛んでからチューインガムを取り出し、約十二時間おいて、ふたたび口の中で噛むと軽い効果が出る……というバカな噂もあった。

ところで……この〝ヒッピー〟という言葉だが、どこから来たのだろう？

ヒッピーという言葉は、なんと〝ビートニク〟を命名したのと同じ新聞記者が命名した。

造語好きのハーブ・ケーンという『サンフランシスコ・クロニクル』紙の人気記者が、自分のコラムで一九六五年に名づけたとされているが、語源のルーツには定説はない。第二次大戦前のジャズ用語の「調子を合わせる」、〝ヘップ〟から来たともい い、〝ヒップト〟、つまり「魅せられた」から発生したもの、ともいわれる。

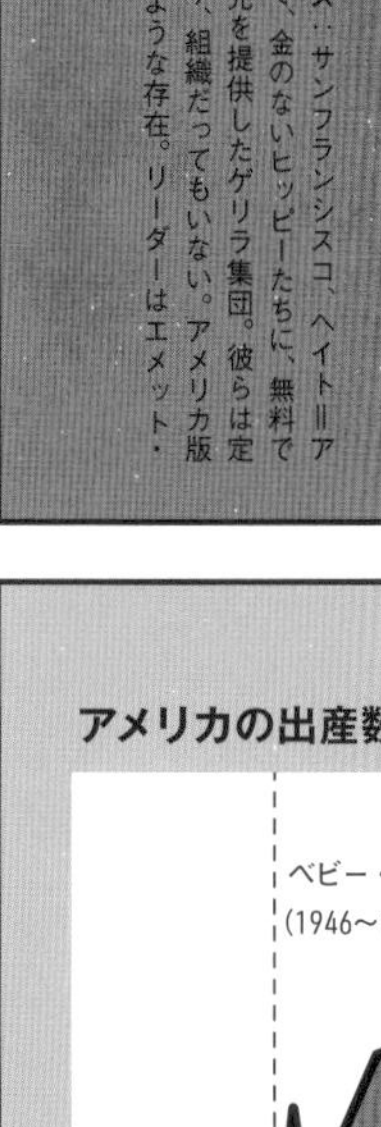

ヒッピーたちは、大半がリベラルな白人、中流階級の出身で、坊っちゃん、嬢ちゃん世代でもあった。だから、ほとんどのヒッピーにとって、カネや食事が決定的な問題になることはなかったといわれている。両親は子どもたちに甘く、多額の小切手を渡すケースも見られたという。ヒッピーたちは、適当なときに、それを現金化した。食事については、〝ディガース〟(＊)と呼ばれる奉仕団体が、公園で、毎日、無料で給食していた。さらに無料宿泊所の世話もやいていた。

＊ディガース：サンフランシスコ、ヘイト＝アシュベリーで、金のないヒッピーたちに、無料で食事や宿泊先を提供したゲリラ集団。彼らは定義づけられず、組織だってもいない。アメリカ版「影一族」のような存在。リーダーはエメット・グローガン。

銀行の預金残高が少なくなると、ヒッピーは両親にサンフランシスコの美しい絵葉書を出した。

なにが「風邪薬」なんだか……。

ママとパパへ
ケーブルカーが走って霧が立ちこめて、
ここは美しい街です。
元気で勉強しているから
心配はいりません。
風邪をひいてお金がなくなったので
風邪薬を買いたいのです。
100ドルほど至急送金してください。
ジェフリー

そして、ヒッピーたちの生年を調べてみると、一九四五年から一九四七年が目につく。彼らは〝ベビー・ブーム〟の第一陣、つまり、大戦から帰ってきた兵士から生まれた子どもたちだ。

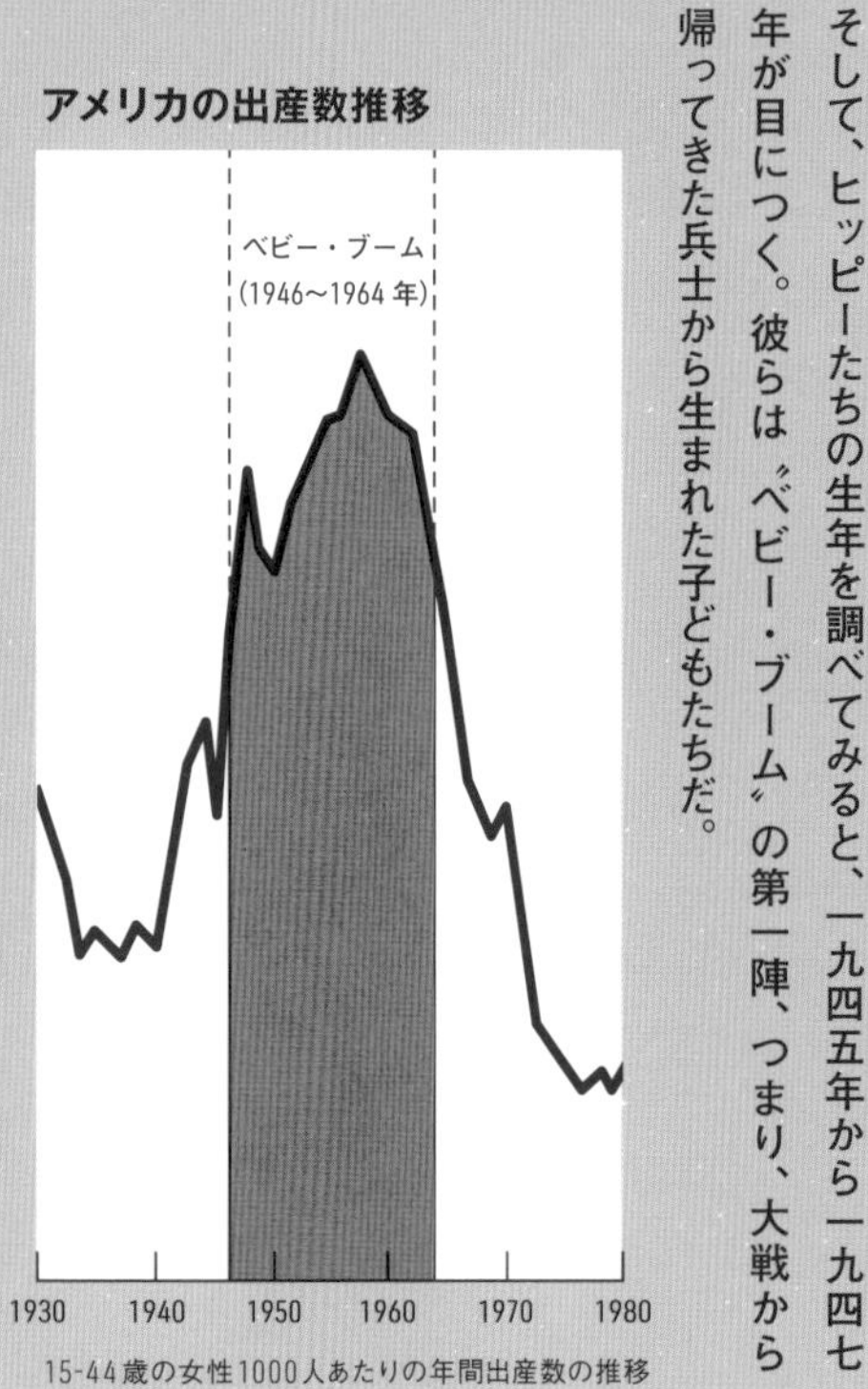

ヒッピーのスタイル面の特徴をあげてみよう。

ロングヘア
ひげ
ピース・サイン
しゃがむ
はだし（またはサンダル履き）

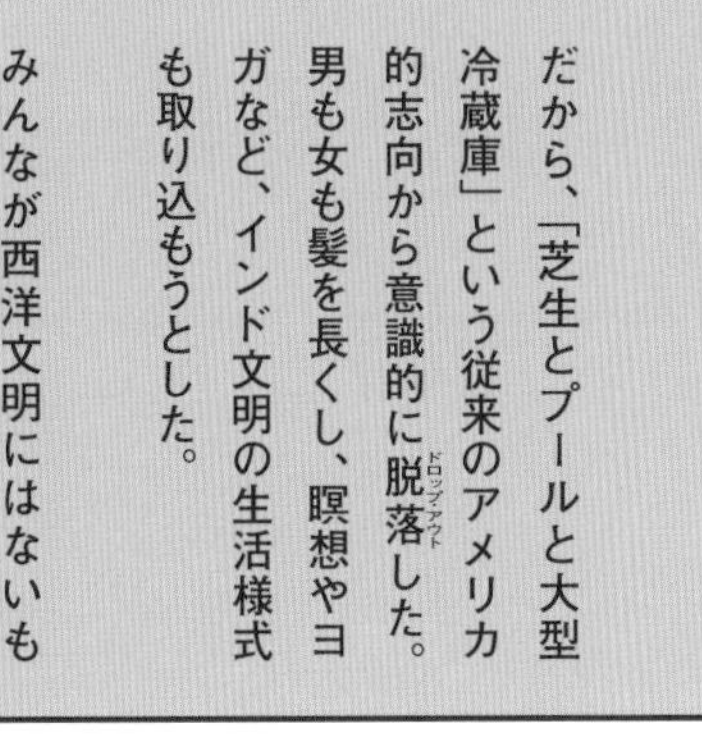

ヒッピーの多くは、気持ちのやさしい人が多く、一見すると無気力なかんじすら受ける。彼らの話題といえば、ささいな出来事、人の噂、新しいレコードの話やアーティスト、両親とのトラブル、愛について……といったもので、政治や国際問題にしても、会話のはしに顔に覗かす程度である。見方によっては、自分の世界に閉じこもっている印象も受ける。

彼らの反抗表現は、政治的動機というより、大人になりきれない自分たちの青年期のアイデンティティを確立したいという主張から拡がったのではないか。

当時、マリファナやLSDを摂取すると、飛躍的にクリエイティブになれる——そんな幻想に大半の人たちがとらわれていた。

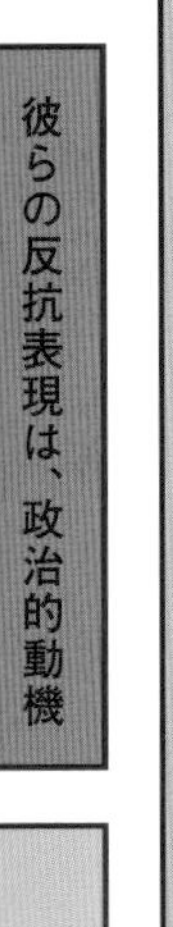

酒を呑むことは、大人がすることだった。ヒッピーは、自分たち自身のものがほしかったのだろう。

だから、「芝生とプールと大型冷蔵庫」という従来のアメリカ的志向から意識的に脱落（ドロップアウト）した。男も女も髪を長くし、瞑想やヨガなど、インド文明の生活様式も取り込もうとした。

みんなが西洋文明にはないものを求めていた。

一九六七年にヒッピーは、髪の毛だけでなく、ひげを伸ばしはじめた。イギリスではインドに行ったジョージ・ハリソンが最初にひげを伸ばしはじめ、ビートルズの四人全員がひげづらになってしまった。

小さなハーモニカ。鳥笛。おばあちゃんみたいなフランクリンめがね。大きな犬を飼う（猫ではない）。腕時計は持たない（時間に縛られるから）。
わき毛、すね毛は、剃らない。ブラジャーはやめた。出産は自然分娩で。（夫婦で協力し、自宅で実行）

ファッション面も含めて、ヒッピーはアメリカ・インディアンを崇拝していた。

自然を尊敬していること、ペヨーテを食し、雲の動きに注意をはらい、パイプのけむりを吸うことを重要な儀式としていること、「マザー・アース（母なる地球）」という考え方などもインディアンから受けた影響だった。

そういえば——これは日本の話で余談になるが、むかしフジテレビ系で放映されていた「ムーミン」に〝スナフキン〟という名の旅人が登場していた。スナフキンは当時、監督の大隈正秋氏が、ヒッピーを意識して造形したキャラクターだったと仄聞する。（こんなところにも、ヒッピーの文化は影を落としている）

ヒッピーたちは競争や対立や出世指向に対して「愛と平和」を大切にした。

ベトナム戦争反対のデモで、小銃をもった兵士に向かい合い、兵士の銃口に花をさして、〝PEACE〟をアピールした。

男と女が自然に愛し合う〝LOVE〟を戦争に対置させ、〝Stop The War〟〝Make Love, Not War〟を合い言葉にした。

みにくい殺戮より愛と平和。

そこにはベトナム戦争を強行しようとする体制に対する若者たちからの新しいメッセージがあった。

〝愛〟や〝理想〟に生きるフラワー・チャイルドだけではなく、こんなヒッピーもいた。ベトナム戦争が混迷をきわめたころ、「唾はきかけ運動」(＊)と呼ばれる反戦行動がおきた。ベトナムからの帰還兵を待ち構えて空港にたむろし、降り立ってきた帰還兵の勲章めがけて唾をはきかけ、「人殺しの恥知らず!」と罵倒して立ち去る。時には、つかみ合いの乱闘に及ぶ人たちが出現した。たいがいが、ヒッピーだったという。

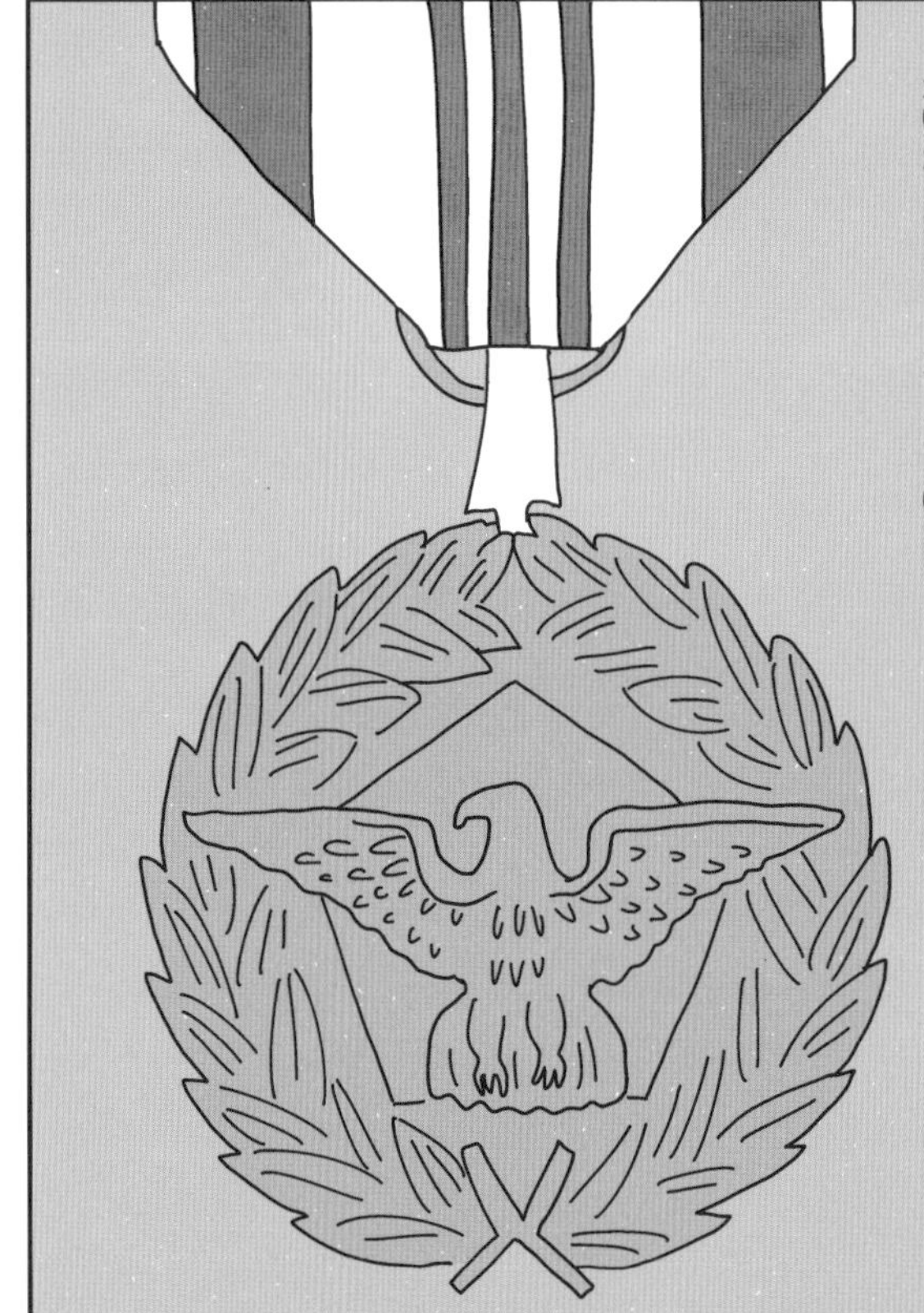

＊唾はきかけ運動
コラムニストのボブ・グリーンは、アメリカじゅうのベトナム帰還兵に対し、「唾を吐きかけられたことがあるか」と質問した。するとその日から電話が鳴り止まず、何千通もの手紙でも「YES」という回答をうけ、「空港のみならずバーやレストランでも「人殺し!」の罵倒が飛びかかったそうだ。このエピソードは、グリーンの著書『ホーム・カミング』にくわしい。

レストランで?

次に、どんな暮らしぶりだったのか。一例を示そう。

ヒッピーたちの生活拠点は、〝ヘイト＝アシュベリー〟（以下〝ヘイト〟）と呼ばれている街区にあった。ヘイトは、市の中心部を北に向かった場所に位置し、ゴールデン・ゲート・パークの近く、パンハンドルと呼ばれる場所の「ヘイト」と「アシュベリー」という二本の通りが交わる地域のことを指す。このあたりはかつて、一九世紀ヴィクトリア朝ふうの古い建物が立ち並ぶ高級住宅地だったが、時代を経て、一帯が古び、家賃が安くなっていたので入居がしやすい場所だったという。一九六〇年代のあたま頃から、ノースビーチに見切りをつけたビートニクたちがこの地区に移ってきて住みつくようになり、以来、ヘイトは新しい文化・風俗の発信地となった。

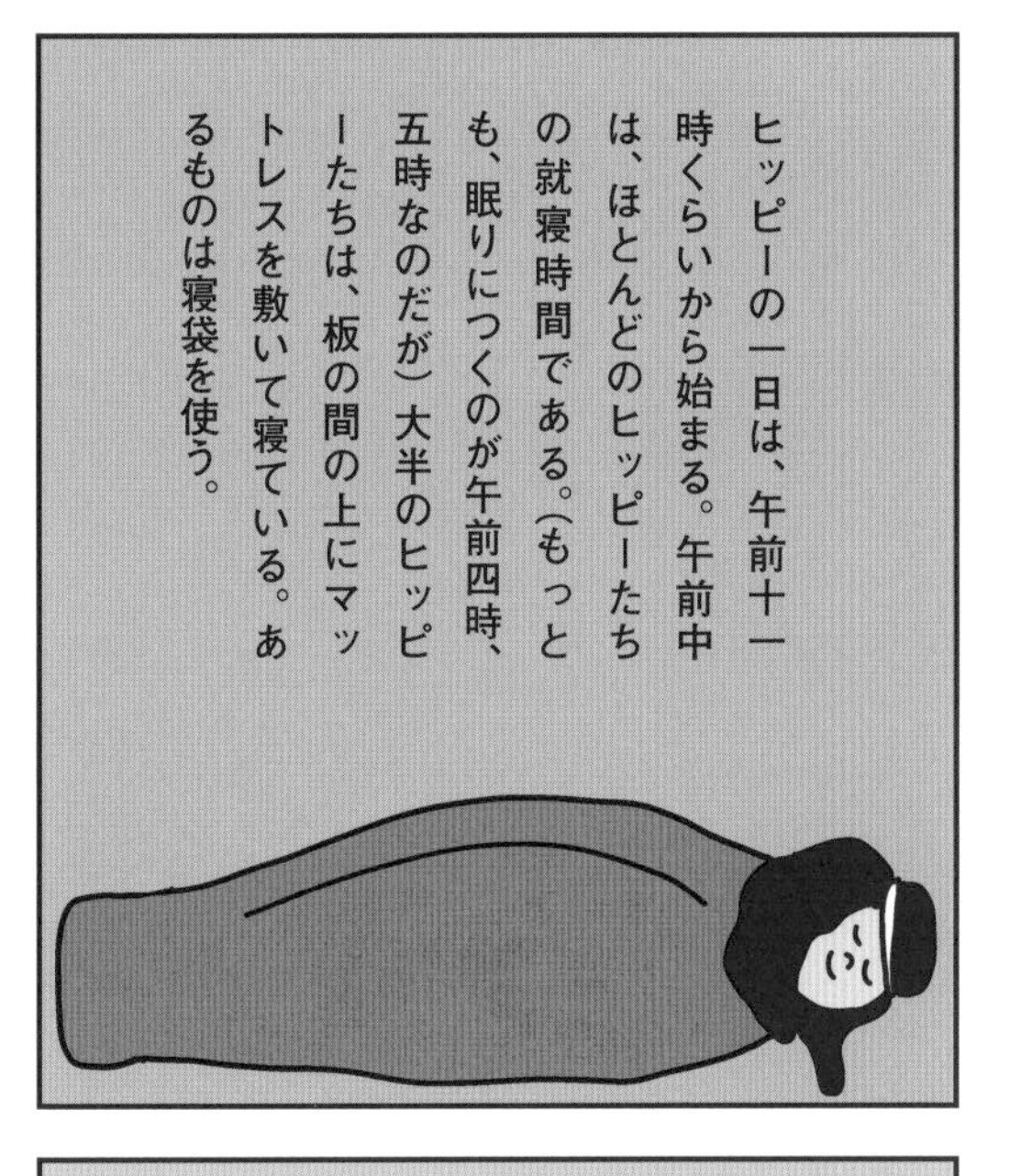

ヒッピーの一日は、午前十一時くらいから始まる。午前中は、ほとんどのヒッピーたちの就寝時間である。（もっとも、眠りにつくのが午前四時、五時なのだが）大半のヒッピーたちは、板の間の上にマットレスを敷いて寝ている。あるものは寝袋を使う。

いっけん不潔なようにも映るが、多くは毎日シャワーをあびている。シャツもきちんとしたものを着用する。

起きてからの食事は玄米。〝ブラウンライス〟と称して、主食としている。おかずは、魚粉のふりかけ。天然の塩、しょうゆだけのときもある。じょうずにはしを使い何杯もおかわりする。栄養バランスが悪そうに見えるのだが、マクロバイオティックに従った食事をしており、問題はないのだそうだ。

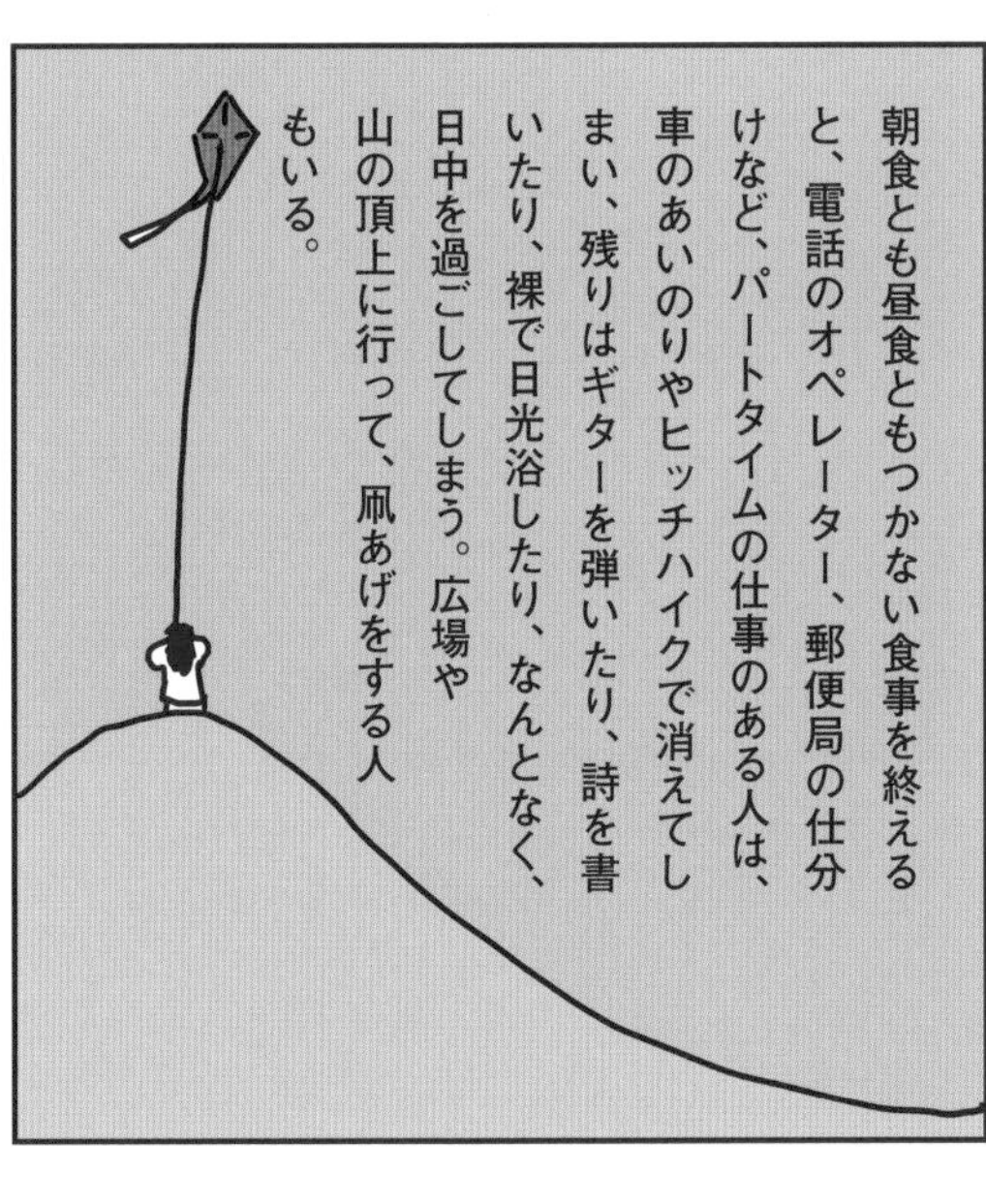

朝食とも昼食ともつかない食事を終えると、電話のオペレーター、郵便局の仕分けなど、パートタイムの仕事のある人は、車のあいのりやヒッチハイクで消えてしまい、残りはギターを弾いたり、詩を書いたり、裸で日光浴したり、なんとなく、日中を過ごしてしまう。広場や山の頂上に行って、凧あげをする人もいる。

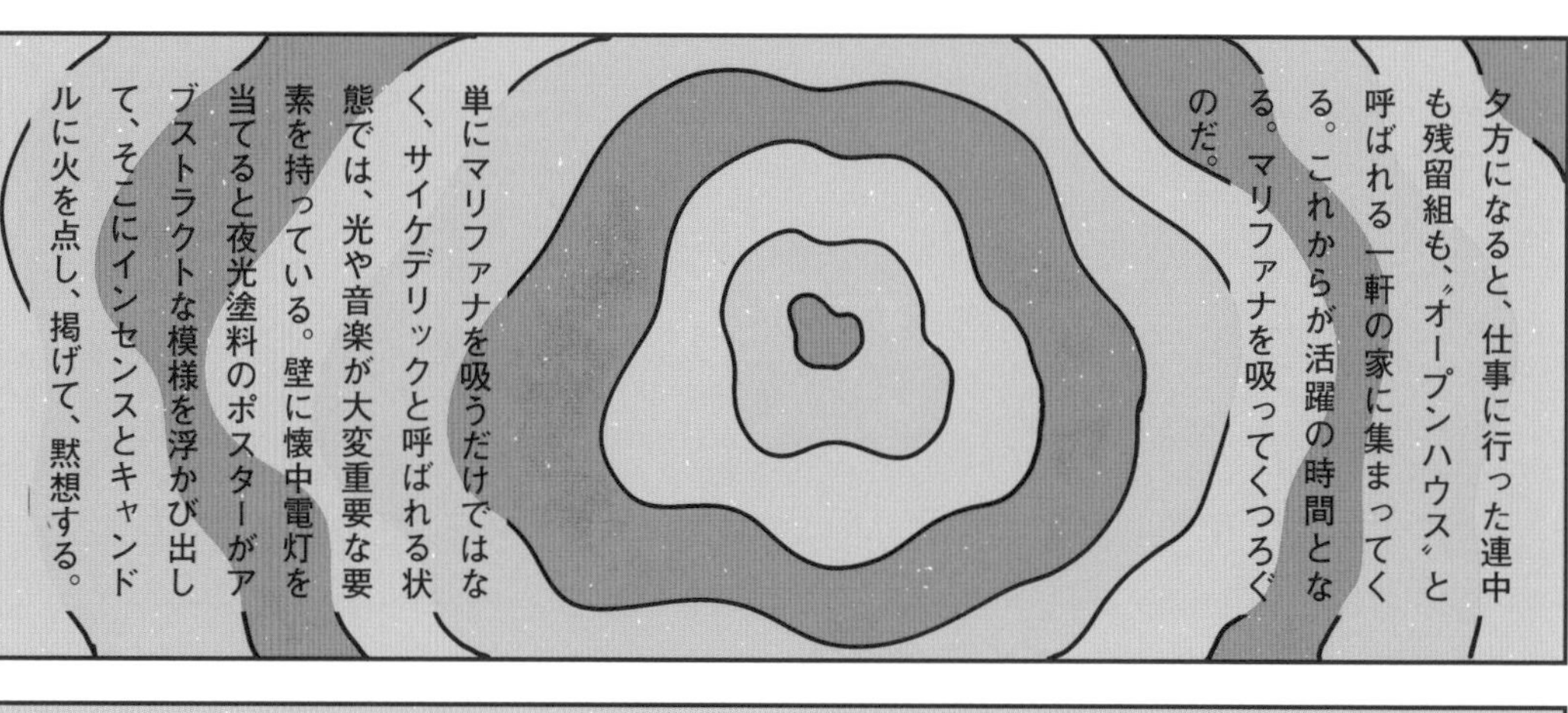
夕方になると、仕事に行った連中も残留組も、〝オープンハウス〟と呼ばれる一軒の家に集まってくる。これからが活躍の時間となる。マリファナを吸ってくつろぐのだ。
単にマリファナを吸うだけではなく、サイケデリックと呼ばれる状態では、光や音楽が大変重要な要素を持っている。壁に懐中電灯を当てると夜光塗料のポスターがアブストラクトな模様を浮かび出して、そこにインセンスとキャンドルに火を点し、掲げて、黙想する。

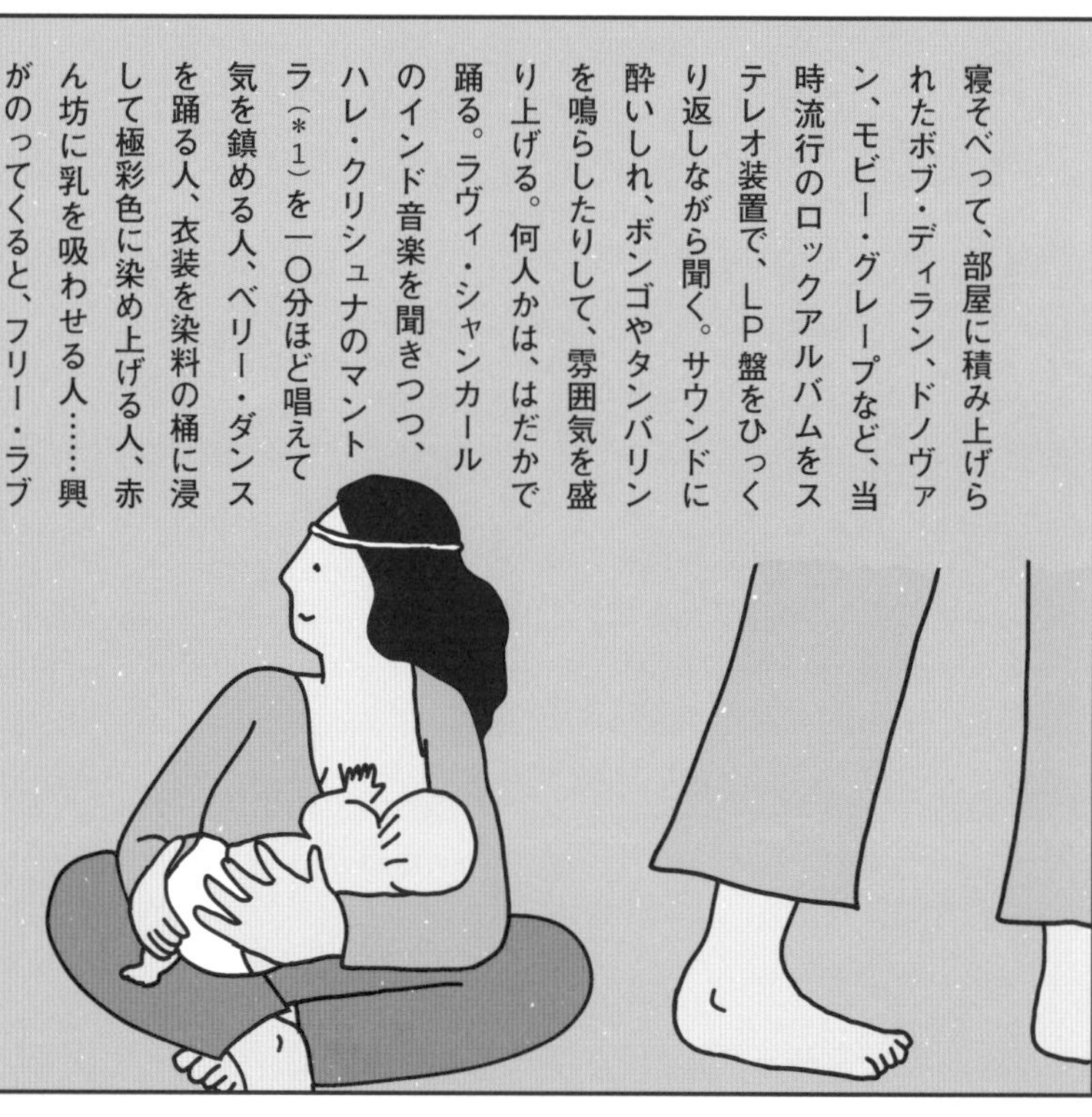
寝そべって、部屋に積み上げられたボブ・ディラン、ドノヴァン、モビー・グレープなど、当時流行のロックアルバムをステレオ装置で、LP盤をひっくり返しながら聞く。サウンドに酔いしれ、ボンゴやタンバリンを鳴らしたりして、雰囲気を盛り上げる。何人かは、はだかで踊る。ラヴィ・シャンカールのインド音楽を聞きつつ、ハレ・クリシュナのマントラ（＊1）を一〇分ほど唱えて気を鎮める人、ベリー・ダンスを踊る人、衣装を染料の桶に浸して極彩色に染め上げる人、赤ん坊に乳を吸わせる人……興がのってくると、フリー・ラブ（＊2）になだれこむことも…。
＊1　ハレ・クリシュナのマントラ
マントラを四百万回唱えると、悟りが得られるという
＊2　フリー・ラブ
六〇年代半ば、ピルを飲むことが当然となり、性愛が手軽になった

夕方から翌朝にかけてのヒッピーは、昼間の無気力さとはうってかわり、おどろくほどいきいきしている。マリファナ、玄米、サイケデリック・ロック、キャンドル・ライト、仲間意識、瞑想、フリー・ラブ……。

そこには競争相手も、男女の区別もない。一人の人間として、裸の人間として、おたがいがコミュニケートできる――この瞬間にこそ、彼らは人生の真の生き甲斐を見い出している。

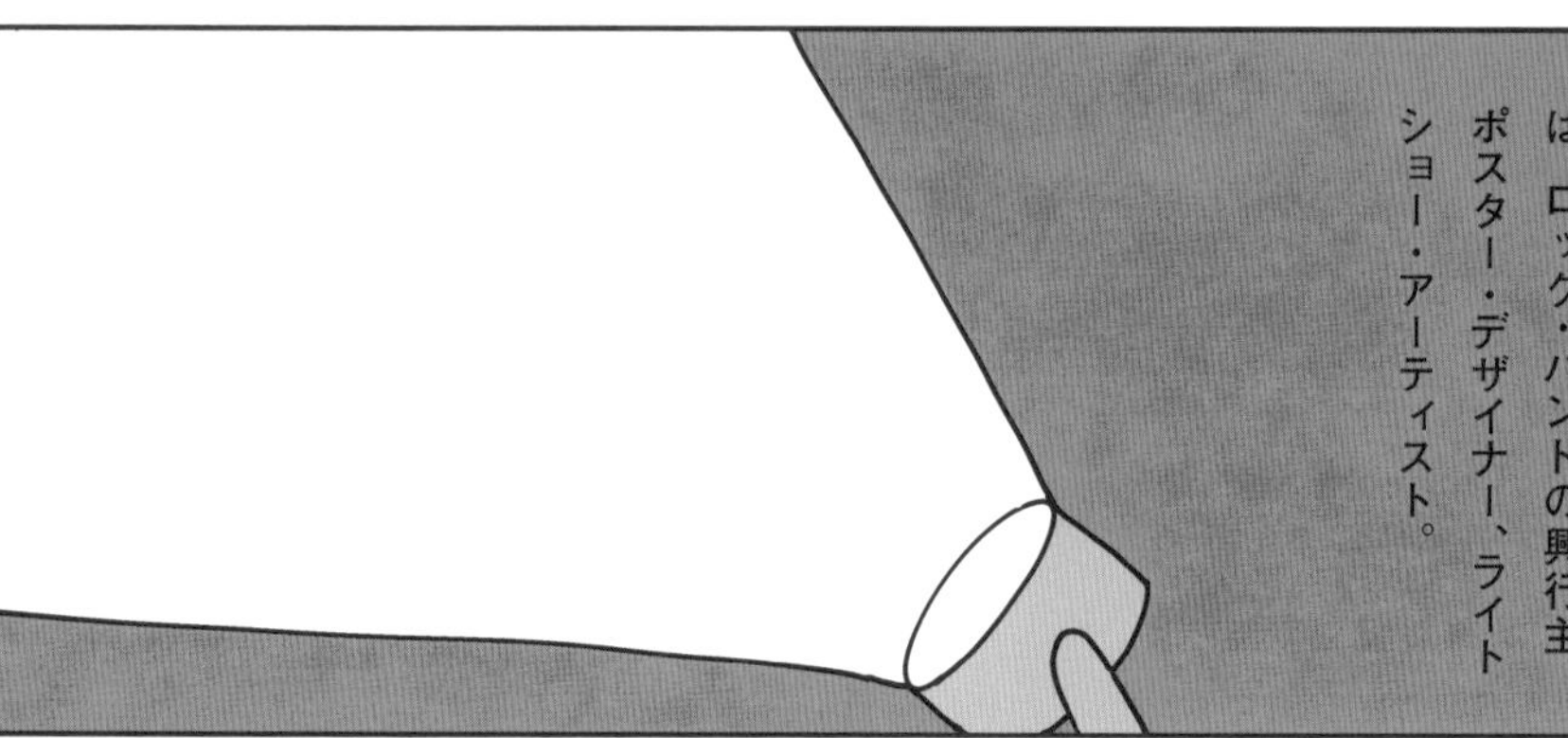

一方で、金を稼ぐのが得意なヒッピーたちもいた。彼らは主に視覚表現（デザイン）の分野にビジネスで携わっている。三大職業は、ロック・バンドの興行主、ポスター・デザイナー、ライトショー・アーティスト。

〝ライトショー〟について説明しておくと、LSDなどの幻覚剤がもたらす視聴覚的イメージを、細胞分裂の顕微鏡撮影みたいな映像効果や、ストロボのブラックライトなどを用いて、ロックのリズムと観客の視覚を感覚的に混乱させる方法である。壁一面にアメーバの動きのような赤色や青色が、ビートごとに変化していくため、心臓の血流を透視して見せられているような印象を受ける。

商才にめぐまれたヒッピーは、サイケデリックを利用した金儲けに余念がない。この種の代表的な人物として、アールヌーヴォー・スタイルで一世風靡したピーター・マックスがいる。マックスは、イラストレーターとして一世風靡するのみならず、壁紙、テキスタイル、タイルなどを製造し、ヨガ・スクールを経営。若者市場のコンサルタントを務めることなどから〝ヒッピー成り金〟とやっかまれた。

ヒッピーが追い求めていたのは〝ユートピア〟のイメージだった。夢見る彼らは、地上に理想社会を実現しようとした。一九六九年八月十五日。「愛と平和の連帯」を唱えて、ニューヨーク州郊外のベセルという小さな村の牧草地に約四〇万人のヒッピーが集合。

三日間にわたり、大規模な野外フェス「ウッドストック・ミュージック・フェスティバル」が開催された。二四歳から二六歳までの四人の若者によって企画・実行されたこのイベントは、急速に育ちつつある新しい世代の存在を社会に開示していた。

当初の予定を大きく上回る数の若者が全米から押し寄せた。大勢の人が、会場のまわりに張り巡らされた金網を破って侵入したことから、途中からフェスは無料で開放されて、金銭とは関係のない世界が出現した。ジョーン・バエズ、ジャニス・ジョプリン、ジミ・ヘンドリックス、ジョー・コッカー、サンタナ、アーロー・ガスリーらの出演者たちは会場にヘリコプターで運ばれ、三日三晩、六十時間にわたり、途切れることなく、仮設ステージで演奏。

農場のゆるやかな斜面にすわってマリファナを吸うもの、寝そべって抱き合うもの、ビールを呑んで談笑するもの、裸になって湖で泳ぐもの、雨宿りに群れるもの、眠るもの……。

会場ではヘイトから〝ディガース〟のメンバーがやってきて、食べるものを無料で提供した。

〝ディガース〟は、急病人が出れば応急処置をほどこし、ドラッグの摂(と)りすぎで気分の悪くなったヒッピーたちを介抱した。最終日のトリはジミ・ヘンドリックス。サイケデリックなアメリカ国歌が高らかに鳴りわたった。交通渋滞、食べもの不足、あふれ出た簡易トイレと悪臭、豪雨と雷鳴、寒さとぬかるみ……いくつかの問題はあったが、大きな混乱は奇跡的に無く、集会は成功に終わった。三日間のフェスのあいだに、会場で二人の女性が子どもを産んだ。

「音楽」「愛」「ドラッグ」「コミュニケーション」を心から満喫することで、参加者はたがいに愛し、いたわりあいながら、平和への願いを確認した。

このフェスの全貌(ぜんぼう)は、ドキュメンタリー映画「ウッドストック」(マイケル・ウオドレー監督)として、世界中に伝えられた。「愛と平和と音楽の三日間」のサブタイトルが映画につき、出演者のミュージシャンたちよりも、会場のヒッピーたちこそが映画の主役として描かれていた。

反体制運動の代表的リーダー、
アビー・ホフマンは、
会場に集まった若者たちを
「ウッドストック・ジェネレーション」と呼び、
「これは文化革命だ。古いアメリカが死に、
新しい国が生まれた」と表現した。
「世界が変わる」という幻想。
ウッドストック・フェスティバルは
ヒッピー・ムーブメントの頂点だった。

（参照：テリー・サザーン『レッド・ダート・マリファナ』／松永良平訳、国書刊行会）

マリファナを吸引してからしばらくして、少年と黒人の頭のなかでいくつかの扉が開き、通路ができたのだろう。

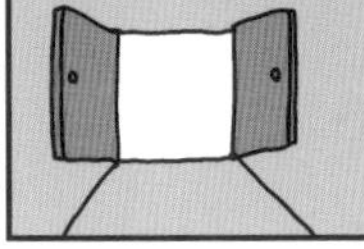

ヒッピーたちはこれを〝ヘッド（HEAD）〟と呼んだ。マリファナによる意識革命のことを〝ヘッド・レヴォリューション〟（HEAD REVOLUTION）と呼び、〝ボディ〟（BODY）という概念に対置した。

ドラッグの香りは、アメリカのいろんな文化や人物に忍び込んでいる

**新しさを感じさせる文化は、どこかドラッグの香りにつつまれていた。

新しいアメリカの歴史は、またドラッグの歴史だったということも可能だろう。**

新聞：
『VILLAGE VOICE』『THE LOS ANGELS FREE PRESS』
『ローリング・ストーン』『US』
雑誌：
『MAD』『EVERGREEN REVIEW』
『NATIONAL LAMPOON』
コミック：
ロバート・クラム、リック・グリフィン、
ビクター・モスコソ
アート：
アンディ・ウォーホール、ピーター・マックス
ロック：
ボブ・ディラン、ザ・バーズ、ドアーズ、
ジェファーソン・エアプレイン、グレイトフル・デッド、
ヴェルヴェット・アンダーグラウンド、
ストゥージーズ、パティ・スミス
映画：
ケネス・アンガー『スコルピオ・ライジング』、
デニス・ホッパー『イージー・ライダー』、
スタンリー・キューブリック『2001年 宇宙の旅』、
ジョン・カーペンター『ダーク・スター』、
フランシス・コッポラ『地獄の黙示録』
小説：
ケン・キージー「カッコーの巣の上で」、
フィリップ・K・ディック「ユービック」、
リチャード・ブローティガン「西瓜糖の日々」、
ピーター・S・ビーグル「最後のユニコーン」
ノンフィクション：
トム・ウルフ『クール・クール LSD 交感テスト』、
ハンター・S・トンプソン『ヘルズ・エンジェルズ』、
カルロス・カスタネダ
『呪師に成る イクストランへの旅』
その他の本：
ヘンリー・デイヴィッド・ソロー『森の生活』、
ヴァン・ボークト『宇宙船ビーグル号』、
ロバート・ハインライン『異星の客』、
フランク・ハーバート『デューン／砂の惑星』、
スチュアート・ブランド『ホール・アース・カタログ』、
チャールズ・ライク『緑色革命』、
ババ・ラム・ダス『BE HERE NOW』、
シューマッハ『スモール・イズ・ビューティフル』

1950年代から60年代にかけて、マイルス・デイビス、チャーリー・パーカーなど、ジャズ・ミュージシャンはいうまでもなく、アレン・ギンズバーグやジャック・ケルアックなど、ビート・ジェネレーションにもドラッグが愛好された。ビート・ジェネレーションの出現は、アメリカの若い世代にとって、新しい風の吹き始めであり、物質主義やコンフォーミズム（体制順応主義）に対する警戒信号だった。

さらに、レニー・ブルース（スタンダップ・コメディアン）、ポール・クラスナー（『レアリスト』編集者）、ヘンリー・ミラー（作家）、ケネス・アンガー（映像作家）たちもドラッグを常用、薬物摂取から得た感覚は作品にも反映された。

ただし、ドラッグ（1950年代の主流はマリファナ、メスカリン。LSDの普及は60年代）は違法だったので、多くは当時「常に麻薬取締官に見張られているような状態だった」。

ドラッグ自体は、アルコールやチョコレートなどと同じ価値の嗜好品だが、ドラッグ特有の作用に夢中になる人が続出した。その感覚は「ハイ（HIGH）」や「ストーン（STONE）」などと呼ばれた。日常生活のワクを押しひろげ、生き方を変えていく方法をドラッグの中に見いだすという流れは、二十世紀後半のアメリカ社会の構造そのものが、「機能」とか「制度」とかにはめこまれることを拒否し、ドラッグという手段によって、人間が人間らしく生きられる環境を捜し求めようとする「疎外された者たち」(*)を、いかに多く生み出してきたかを物語っている。

＊疎外された者たち
2024年現在、世界の流れは大麻解禁に向かっている。アメリカでは38州が医療用大麻を認可し、リクリエーション用途の使用も24州が合法だ。しかし大麻を含むドラッグは日本では違法な薬品で、所持や使用に対し刑罰が課せられる。筆者にはそうした法律の正当性について、とやかくいうほどの体験も専門知識もないが、「内面世界の探究」という目的のための手段に、マリファナ、LSDといったドラッグが使われてきたことは、まぎれもない事実である。

1963–1969

年代	ビート／ヒッピー関連	社会の出来事
一九六三	●『カッコーの巣の上で』の印税で、ケン・キージーがラ・ホンダに邸宅を購入する。そこにドラッグに興味を持つ男女が集まってきてコミューンと化す。森の中でLSDを体験することで、彼らはアメリカ最初のヒッピー集団〝メリー・プランクスターズ〟（陽気ないたずら者）と称される。 ●「教授らと学生が聖なるキノコを食べている」と報道されたことで危険人物視され、ティモシー・リアリーとリチャード・アルパートがハーバード大学を追放される ●ノース・ビーチにビート見物の観光客が押しよせたことから治安の悪化が進み、不動産屋の計略で土地が高騰。ノース・ビーチに住んでいたビートニクたちが、静かな環境と安い家賃を求めて、ヘイト＝アシュベリー街区へ移動する	■ワシントン・モスクワ間にホットライン開設 ■フリーダム・マーチ（二十万人が人種差別に抗議してワシントンを大行進） ■ジョン・F・ケネディ暗殺（十一月二二日、ダラス。二日後、容疑者オズワルドもジャック・ルビーに射殺される） ■リンドン・ジョンソン、第三六代目大統領に就任 ■ビートルズ、アメリカ公演 ■ミルトン・グレーザー、ポール・デービスら「プッシュピン・スタジオ」活躍 ■メアリー・マッカーシー『グループ』ベストセラーに ■レイチェル・カーソン『沈黙の春』（DDT汚染を警告する書として注目される）
一九六四	●ビートニクに影響を受けた一群の若者たちが、サイケデリック・カラーに塗った一台のスクール・バスに乗り、ニューヨークを目指してアメリカ大陸横断の旅を開始する。バスに乗っていたのは、ケン・キージーと〝メリー・プランクスターズ〟 ●アート・クンキン、『ロサンゼルス・フリー・プレス』創刊 ●ニューヨークで、アメリカ初のベトナム戦争反対の大衆デモが組織される ●カリフォルニア大学バークレー校で、「自由の言論」を唱える「フリー・スピーチ・ムーブメント」が起きる。	■トンキン湾事件（八月二日、三日。アメリカの駆逐艦がトンキン湾で北ベトナムに攻撃される） ■公民権法成立（黒人無差別の広範適用） ■マーシャル・マクルーハン『人間拡張の原理』 ■テリー・サザーン、メイソン・ホッフェンバーグ共著『キャンディ』ベストセラー ■ミニ・スカート、トップレス水着登場
一九六五	●ベトナム戦争に反対する「ワシントン行進」が行なわれる ●サンフランシスコに初のナイト・クラブ〈マトリックス〉開店 ●ビートルズ、「ラバー・ソウル」発表。マリファナの影響下で録音された ●〝ヒッピー〟という呼称が、『サンフランシスコ・クロニクル』記者ハーブ・ケーンによりネーミングされる ●ボブ・ディラン、「ニューポート・フォーク・フェスティバル」にエレキ・ギターで登場し、数百名のフォーク・ファンに野次られる ●マックス・シェア、『バークレー・バーブ』創刊 ●バリー・マクガイアの「明日なき世界」、反戦歌的内容が爆発的人気。多くのラジオ局で放送禁止に ●アラン・カッツマン、『イースト・ヴィレッジ・アザー』創刊 ●この頃、サンフランシスコで毎週末、ダンス・フロアで彩色したスライドで照明を投じたライト・ショーが流行	■北ベトナム爆撃開始（二月七日開始） ■著名人三百人によるベトナム武力介入即時中止を求める公開状（『ニューヨーク・タイムズ』） ■ブラック・モスリムのリーダー、マルコムX暗殺 ■ベトナム平和行進（四月十七日、ワシントンで一万人） ■ロサンゼルス・ワッツ地区で黒人暴動 ■ピーター・マックスのポップ・アートが注目を集める ■スケート・ボード流行 ■ジョン・ケイル、ルー・リードら、ヴェルヴェット・アンダーグラウンド結成 ■サイモン&ガーファンクル「サウンド・オブ・サイレンス」 ■フランク・ハーバート『デューン／砂の惑星』 ■〝キャンプ〟（CAMP）という言葉が流行
一九六六	●ロンとジェイのテーリン兄弟が、ヘイト＝アシュベリーに〈サイケデリック・ショップ〉という名の店を開店する ●テレビの三大ネットワークのほか、『LIFE』『TIME』『LOOK』『ニューズ・ウィーク』などが、新しい社会現象として〝ヒッピー〟を特集する ●六月までに、ヘイト＝アシュベリーに約一万五千人のヒッピーが移住する。仮設住居が必要になり、公園や空き地や街のいたるところに急ごしらえの宿泊所が出現 ●スチュアート・ブランドが、ヘイト＝アシュベリーの〈ロングショアマンズ・ホール〉で「トリップス・フェスティバル」を開催する ●LSDの製造と販売が違法になる（所持は罪ではなかった。同年後半から、多くの州で所持も大罪に）	■米軍、カンボジア侵攻 ■「ブラック・パワー」をSNCC（学生非暴力調整委員会）が提唱 ■ベティ・フリーダンら「全米婦人機構」結成 ■ボーイング747就航 ■『インターナショナル・タイムズ』（IT）紙と雑誌『OZ』が創刊（英国） ■ポルノ文学の古典『ファニー・ヒル』に最高裁が無罪判決（ポルノ文学出版、自由化／英国） ■グレイトフル・デッド結成 ■トルーマン・カポーティ『冷血』 ■ジャクリーン・スーザン『人形の谷間』ベストセラー ■反戦歌「アリスのレストラン」ヒット

●ビートルズ、『リボルヴァー』発表。LSDの影響
●カリフォルニアで「LSD禁止令」が発令され、大規模な抗議集会が起こる

一九六七

●〈ゴールデン・ゲート・パーク〉で、「ヒューマン・ビー・イン」が開催される。初の大規模なヒッピーの祭典（参加者三万人）
●ヘイト＝アシュベリーに十万人以上の若者が溢れはじめる。高校生が目立つようになる
●ベイ・エリア一帯で、「乾燥バナナの皮を喫うとハイになれる」という主張が噂で広がる
●ヒッピー風俗の盛りあがりは〝サマー・オブ・ラブ〟と呼ばれ、社会現象化し、ヘイトが観光名所となる。警察の監視が厳しさを増す
●スコット・マッケンジー「花のサンフランシスコ」大ヒット
●ポール・マッカートニー、「LIFE」のインタビューでLSD体験を告白する
●ビートルズ、『サージェント・ペパーズ・ロンリー・ハーツ・クラブ・バンド』発表
●「モンタレー・ポップ・フェスティバル」が開催される（入場者五万人）
●九月頃、〝サマー・オブ・ラブ〟が終わる。ヘイトから若者たちがいなくなる
●多くのヒッピーはヘイトを離れて田舎に移住する。夏が終わるまでにカリフォルニアの田園地帯に六つのコミューンが生まれる
●「ヒッピーの死」と題したセレモニーが開かれ、〝ディガーズ〟と数百人のヒッピーが棺をかついでヘイトを練り歩く。〈サイケデリック・ショップ〉の看板は埋葬され、テーリン兄弟はヘイトを去る
●ヤン・ウェナーとラルフ・グリーソン、『ローリング・ストーン』を創刊する

■ケネディ・ラウンド調印（関税一括引き下げに五三か国が同意）
■テッド・ネルソン、「ハイパー・テキスト・システム」提案
■ジョン・レノンのロールスロイス、極彩色に（英国）
■BBC、ビートルズ「ア・デイ・イン・ザ・ライフ」放送禁止に（英国）
■各地で黒人暴動（デトロイト、暑く長い夏を迎える）
■サーグッド・マーシャル、黒人最初の最高裁判事に就任
■ベトナム反戦週間（十月十六～二三日、ワシントンで大規模集会）
■アメリカの人口、二億に達する
■ロック・ミュージカル「ヘアー」、全裸男女の登場でヒット
■ウィリアム・スタイロン『ナット・ターナーの告白』
■リチャード・ブローティガン『アメリカの鱒釣り』ベストセラーに
■エリア・カザン『アメリカの幻想』ベストセラーに

一九六八

●この頃、世界中でバックパッカーが流行する（多くの旅行者がアーサー・フロマー『ヨーロッパ 一日5ドルの旅』を持参）
●ニール・キャサディがメキシコで死亡
●スチュアート・ブランド、『ホール・アース・カタログ』創刊
●トム・ウルフ、ケン・キージーのバス旅行に同乗し、『クール・クールLSD交感テスト』を発表
●バロウズとギンズバーグ、民主党大会取材のためシカゴを訪れる
●初期ウーマンリブの組織が、肉体の自由を奪うものとしてブラジャーをゴミ箱に放り込んだ
●アンダーグラウンド・プレス、一〇〇紙を超す（読者数十万人。やがて数百万人へ）
●ロバート・クラム、ギルバート・シェルトンなど、アンダーグラウンド・コミックスの描き手が出現

■プエブロ号事件（米軍の情報収集艦、北朝鮮に拿捕される）
■テト攻勢（ベトナム）
■アラン・ケイ、パーソナル・コンピューターを開発
■キング牧師暗殺事件（四月四日、メンフィス）
■ロバート・ケネディ暗殺事件（六月五日、ロサンゼルス）
■全米学生同盟が「スチューデント・パワー」を提唱
■ノーマン・メイラー『夜の軍隊』（六七年十月のベトナム反戦集会を題材に。ピューリッツァ賞受賞）
■ビートルズ、アップル・レコード設立（英国）
■ジョン・アップダイク『カップルズ』ベストセラーに
■カルロス・カスタネダ『ドン・ファンの教え』
■セオドア・ローザック『対抗文化の思想』
■映画『二〇〇一年宇宙の旅』（英・米）

一九六九

●ニューヨーク州の農場で三日間にかけて「ウッドストック・フェスティバル」が開催され、四十数万人が集まる
●ジャック・ケルアック、アルコール中毒で死亡
●この頃、ヘイトは多くの店が閉じ、廃墟のようになる
●〈オルタモント・スピードウェイ〉で開かれたローリング・ストーンズの無料コンサートで、殺人事件が起こる
●『LIFE』、コミューン特集を掲載

■アポロ11号月面着陸（「ひとりの人間にとっては小さな一歩だが、人類にとっては偉大な一歩である」アームストロング少佐）
■ソンミ村虐殺事件（キャリー中尉が南ベトナムで行なった虐殺を「ニューヨーク・タイムズ」が報道）
■シャロン・テート殺害事件（チャールズ・マンソン一派の犯行）
■大学紛争、全米に波及（各地で銃撃戦）
■イギー・ポップ＆ザ・ストゥージズ、デビュー

ヒッピー・フレーズ1

give peace a chance

平和にチャンスを

SOCK IT TO ME

かかってこい

ガツンと刺激を与えてくれ／Come Onと同義

われらに力を

POWER TO THE PEOPLE

自由に生きろ、自由に生かせろ

「自分は自分、人は人」として、自身の価値観を人に押し付けない

LIVE AND LET LIVE

心が吹き飛ばされる

BLOW YOUR MIND

賛成、イイね

RIGHT ON

いかすぜ

FAR OUT, MAN

今を生きる

BE HERE NOW

しびれて、感じて、抜け出せ

TURN ON, TUNE IN, DROP OUT

われらに勝利を

WE SHALL OVERCOME

参考文献：『アメリカ俗語辞典』ユージン・E.ランディ編、堀内克明訳、研究社出版

1970-1973

ヒッピーの影響

前章で一九六九年、ニューヨーク郊外で、「ウッドストック・ミュージック・フェスティバル」が四〇万人以上の若者を集めた話を紹介した。世界中に評判が伝わり、「ヒッピー・ムーブメントは絶好調」と思われたことだろう。

しかし――
運動の発祥地というべき
サンフランシスコでは、
じつは約二年前（一九六七年夏ごろ）から、
社会風俗としてのヒッピーは
完全に下火に向かっていた。

新聞やテレビなどの大手メディアでヒッピーが大きく報道されたことで、アメリカ全土から、ヒッピーの生き方や考え方に共感する若者たちがヘイト＝アシュベリーにぞくぞくと集まってきた。とくに学校が夏休みに入ると、何千、何万という学生がヘイトに来て、残留するようになったのである。

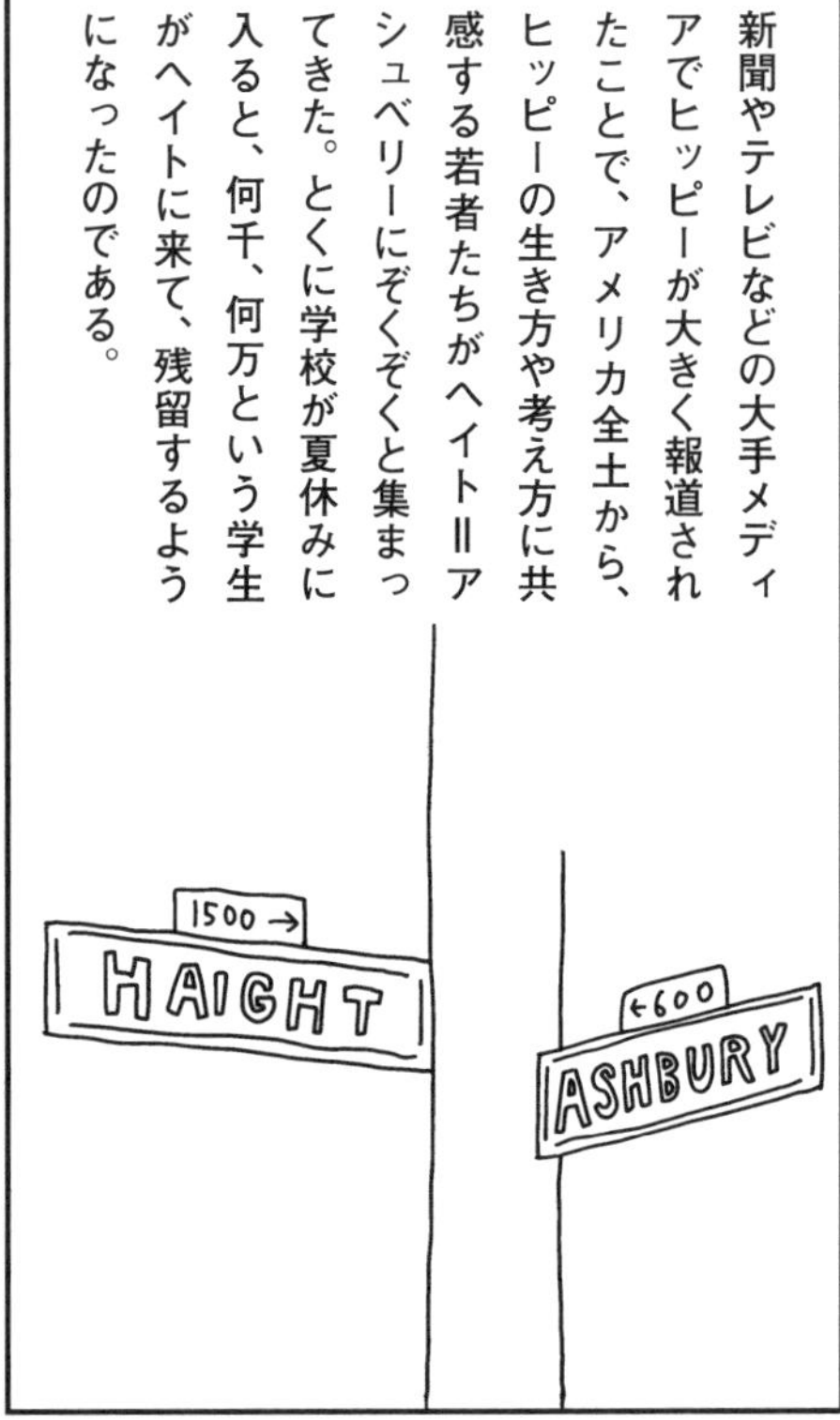

ヒッピーたちは伸び放題の髪をインディアンふうのヘア・バンドでとめ、口ひげを生やし、仲間うちで「LOVE」「GROOVY」などの言葉を交えて話し、ハグ（HUG）をした。当時、「ヘイト＝LOVE」というコピーが街のいたるところに貼ってあった。ギターをひくときも、マリファナを吸うときも、みんなが輪をつくるように集まった。アメリカ市民は、何が若者たちをこれほど駆り立てているのかと不思議に思い、社会学者が調査にのりだしたほどである。

ヒッピーは自分たちのことをさまざまに呼んだ。〝フラワー・チャイルド〟〝ラブ・チャイルド〟〝ジェントル・ピープル〟など。

彼らの家柄は、中流階級以上で、弁護士、医師、実業家をめざして勉強していたような大学生が多かった。

流入しつづけるヒッピーにより、ヘイトは過密状態になった。〝新入り〟を収容するため、あちこちに仮設住宅が建てられ、食事の世話と配給は、エメット・グローガン率いる〝ディガース〟が引き受ける。

そのうち、ヘイトではヒッピーを収容しきれなくなる。同時に〝観光地〟として注目されたことで街が荒廃し、見るかげもなくなった。

ヘイトは「愛と平和の街」から、「犯罪とセックスの街」になってしまった。

こうした状況に愛想を尽かしたヒッピーたちは都市を見限って地方へ移り住むようになるが、このとき、〝コミューン〟と呼ばれる共同生活体、自給自足の場所をつくるようになった。

コミューンは、十九世紀のユートピア思想に着想を得て、ヒッピーが探してきた、生活共同体のアイデアである。みんなが共同で住み、愛も財産も皆で分かち合い、仕事も公平に分担し、子育てもみんなでやろうという。

ヒッピーの大半は、もともと〝街っ子〟なのだが、平和な田舎にこそ自分たちのルーツがあると思い込みたがった。しかし、地元の農民たちは都会人より保守的で、ヒッピーといざこざが持ちあがることも珍しくなかった。さらに弱ったことに、ヒッピーに農業経験者はほとんどいなかった。

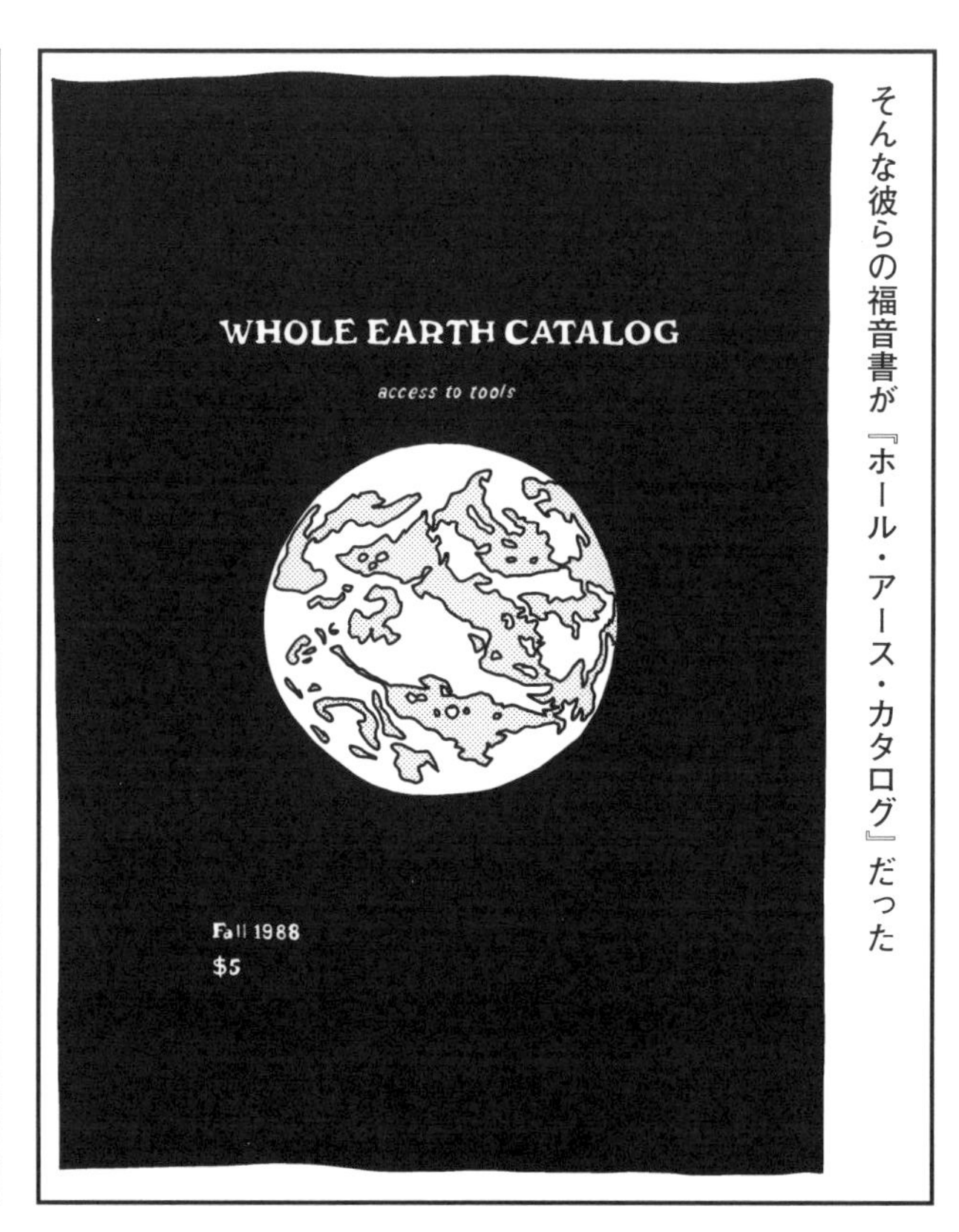

新聞みたいな用紙に印刷した大型の不思議な本で、コミューンでの生活に必要な情報や物資が、どこでどういうふうにいちばん安く、てっとり早く入手できるかについて、必要な情報が詰まっていた。

カタログは自力で暮らしていくための手引きの書を目指していて、薪ストーブからコンピューターに至るまで三〇〇〇種類あまりの商品がずらっと並んでおり、ヒッピーのバイブルとして、コミューンの本棚に収められていた。

このカタログを編集したのが、スチュアート・ブランド。
若き日のスティーブ・ジョブズに影響を与えた人物だ。

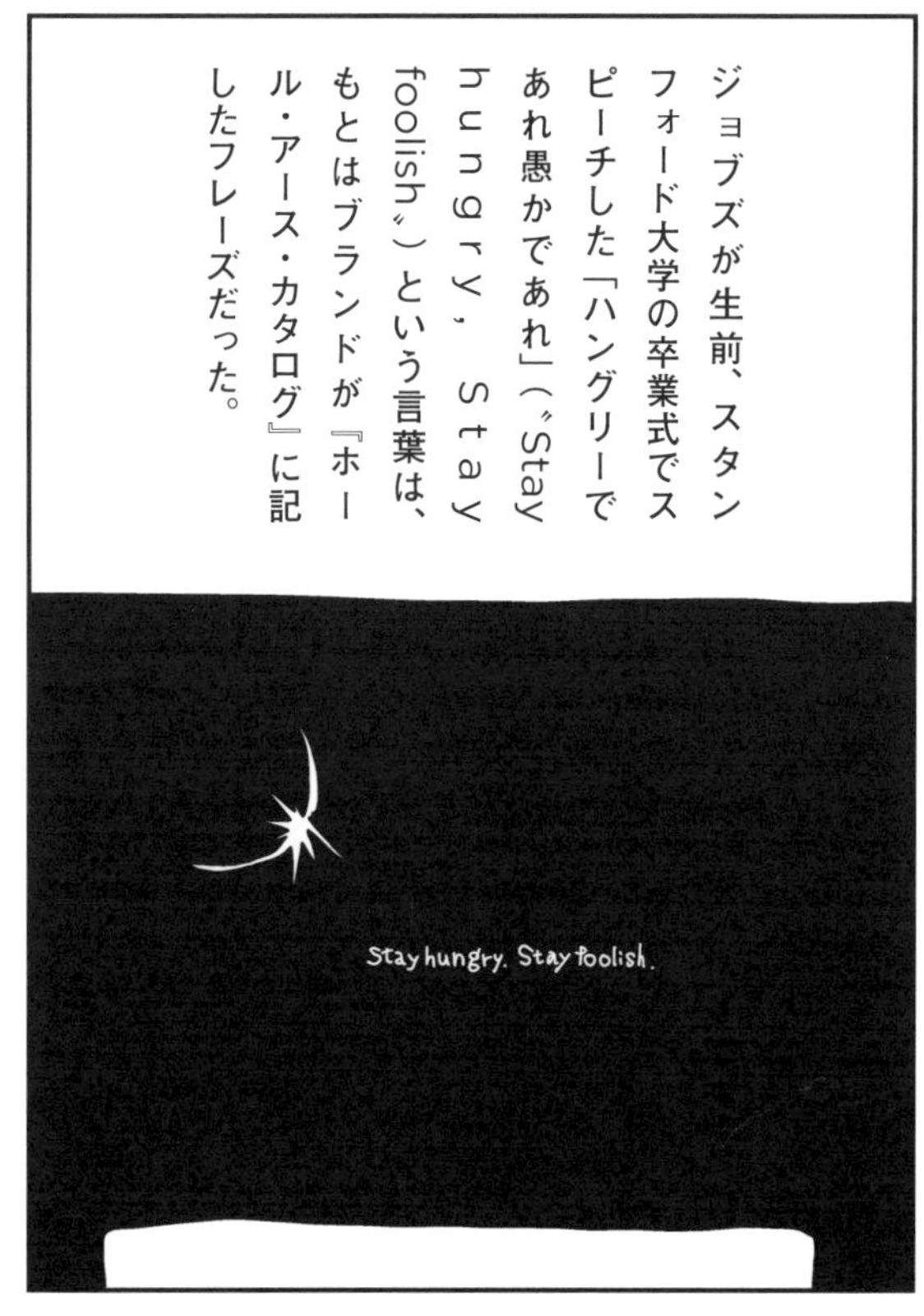

ジョブズが生前、スタンフォード大学の卒業式でスピーチした「ハングリーであれ愚かであれ」（“Stay hungry, Stay foolish.”）という言葉は、もとはブランドが『ホール・アース・カタログ』に記したフレーズだった。
Stay hungry. Stay foolish.

ヒッピーたちは、ライフスタイルの方面で新しい流行をつくりだした。当時ヒッピーが試みたり、発見したことを並べてみよう。おどろくほど現在につながるものもあるし、消えてしまったものもある。

マクロバイオティック
現在“マクロビ”と短縮して呼ばれる。「肉食はどん欲の根源だが、菜食は戦争や残酷さや偏見を人の心から追い出す」と強調し、穀類、野菜、果物ばかり食べた。

オーガニック
化学肥料や農薬を用いずに、野菜や果物を栽培する。「自然食の運動」というような意味。

オープン・スクール
教育制度からはみだした教育機関。講座とイベントは無料だが、受講者の能力に応じた寄付により存続する。

ヌーディズム
カルフォルニアのヒッピーは全般に、裸で過ごすことを好んだ。裸は自由の象徴だった。当時ロサンゼルスで、走行中のクルマの中で裸になることが流行したが、すれちがった対向車がびっくりして運転をあやまることがしばしば起こり問題になった。

フラワー・パワー
非暴力／無抵抗主義の変形。銃口に花を刺しこんだり、交番の中に自転車でバラの花を投げ込むなども。

同性愛
男女のジェンダーの役割区分のばかばかしさを認め、他者の異質性を理解する。

フリー・セックス
人間はみな愛し合わなくては平和にならない。だからフィーリングさえ合えば誰とでもセックスしていい、とする考え方。

フリー・チャーチ

ヒッピーを対象とした奉仕施設。ヒッピーの間で運営がなされ、伝道活動をおこなう。

サム・トリッピング

“ヒッチハイク” のこと。ハイウエーの入り口に立って親指を出し、同乗してくれる相手を根気よく待つ。丸一日待ってもクルマが停まってくれないこともある。それでもハンドルを握るのに飽きた長距離トラックの運転手、ヒッピー仲間などが、たまにクルマを停めてくれる。

コミュニケーション

コンサート会場では、でっかい風船玉が三つ四つと飛びかっていて、知らない相手が、向こうからボールを投げ返してくれる。ステージに飛んでいくと、演奏者がポーンと返してくれる。突いているだけで仲良くなれる。

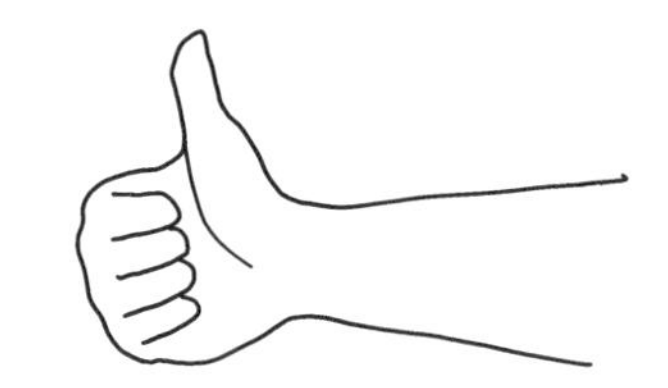

ヒッピー・ボタン（バッジ）

社会的メッセージを印刷したアルミニウムのバッジ。帽子や服につけることで自分の考え方をストレートかつシンプルにあらわした。

スイッチ・ボード

ヒッピー相互の連絡網。急病人が出たり、緊急の用件があれば、ここに電話をかけるといろんな手配をしてくれる。電話番号はアンダーグラウンド新聞の最終ページに記載されている。

アース・シューズ

コンクリートの上を歩くための、つま先よりヒールのほうが低くなった靴。土ふまず、底の形状など、考えつくされていて、大量生産ができない。デンマークの女性により創案された。

反公害運動

エコロジーとは何かを知らせ、環境保護の方向に意識を目覚めさせる活動。自動車社会に反対してクルマを土中に半分埋めてしまったり、サンフランシスコ湾で採取した泥を企業に小包で送りつけたりした。

ゴミを一切出さない

カルフォルニアのあるコミューンのグループが、ゴミを出すのを一切やめようと決めた。捨てなければならなくなるものは買わないようにした。ゴミをより分けて、紙は製紙会社へ、あらゆるビン類はガラス工場へ、カンはみなスクラップ工場に回収され、リサイクルされた。

自然葬

遺灰を海にまき、自然と一体にとむらう。アメリカ・インディアンの死生観に影響された。コズミック・ブルースの歌手ジャニス・ジョプリンの遺灰は、サンフランシスコ湾にまかれた。

ヒッピーの最盛期は、一九六七年といわれている。その四年後――一九七一年には状況はがらっと変わってしまい、ロング・ヘアは、もはや反抗のしるしではなくなった。バークレーやサンフランシスコあたりでは、なんと警察官が髪を長くしていたという。

服装や装飾具は、ファッション産業に吸収され、ソフトに商品化された。マリファナの服用は依然として違法だったが、キャンパスから消えていった。フリー・ラブは、「儲かるビジネス」になり、ポルノ映画が盛況を呈した。ヒッピーは、中西部や南部の一部では、いまだに歓迎されざる客だったが、東部や西部の沿岸では、「真に脅威をもたらす存在とはなりえない」と。ヒッピーは体制に吸収され、反体制文化は主流に席を変える時期がきた。

一九七三年には石油ショック(*)が起こり、インフレの引き金となった。「スモール・イズ・ビューティフル」が社会の新しいスローガンになり、経済のゆとりが消えてゆくにつれ、のびのびした雰囲気が社会から失われていった。

*原油の供給逼迫、および原油価格高騰と、それらによる世界の経済混乱

ヒッピーは社会の前面から消え、田舎で暮らすようになる。路上で手づくりの民芸品や陶器を売り、マリファナ栽培をしたりしながら、社会の片隅で静かに生きた。

【ヒッピーの影響】(了)

1970-2024

年代	ビート／ヒッピー関連	社会の出来事
一九七〇	●チャールズ・A・ライク、『緑色革命』刊行 ●アリシア・ベイ＝ローレル、『地球の上に生きる』刊行 ●各地で「アース・デイ」と呼ばれるイベントが開催される	■ビートルズ解散（英国） ■ニクソン・ドクトリン（ベトナムから米軍撤退の計画を発表） ■ケイト・ミレット『性の政治学』ベストセラー ■『ナショナル・ランプーン』創刊
一九七一	●ラム・ダスことリチャード・アルパート、『BE HERE NOW』刊行 ●ビル・グレアム、〈フィルモア・ウエスト〉を閉館 ●バークレーに有機野菜を食材に使ったレストラン〈シェ・パニーズ〉開店	■ペンタゴン・ペーパーズ（国防総省機密文書を『ニューヨーク・タイムズ』が公表） ■ドル・ショック（金とドルの交換を停止） ■バングラデシュ難民救済コンサート ■ロック・ミュージカル「ジーザス・クライスト・スーパースター」大ヒット
一九七二	●メンロ・パークで、新聞『ピープルズ・コンピューター・カンパニー』発刊。この頃、「パーソナル・コンピューター」という概念が生まれる ●スティーブ・ジョブズ、オレゴン州の〈リード大学〉に入学（ただし、半年で中退）。友人たちと禅などの宗教書、哲学書を読み、〈ハレ・クリシュナ寺院〉までヒッチハイクし、断食をおこなう ●この頃、大統領選でマクガバンを支持した若者たちが〝ヤッピー〟と呼ばれはじめる（ヤッピー：都市型生活を送るエリートの意味。保守・体制派）	■ニクソン、中国訪問（中国） ■沖縄返還（日本） ■ウォーターゲート事件発覚 ■大統領選（ニクソンが民主党の候補ジョージ・マクガバンを破って再選） ■『セサミ・ストリート』高視聴率 ■フレドリック・フォーサイス『ジャッカルの日』ベストセラー ■『LIFE』廃刊
一九七三	●この頃、自給自足生活への関心から『森の生活　ウォールデン』がヒッピーに読まれるようになる ●レイモンド・マンゴーが〈モンタナ・ブックス〉という小さな書店を開店する（東洋思想、エコロジー、住民運動文献など） ●この頃、ヒッピー文化が次第にエスタブリッシュメントなヤッピー文化に吸収されていく。ヤッピーはレーガン大統領時代の流行語になる	■連邦最高裁が、人口妊娠中絶に合憲判決 ■オイル・ショック ■ウンデッド・ニー事件 ■ウォーターゲート事件、政治スキャンダルに ■リチャード・バック『かもめのジョナサン』ベストセラー
一九七五	●「アース・シューズ」という靴が売り出され、静かなブームに ●メンロ・パークに「ホームブリュー・コンピューター・クラブ」発足	■ベトナム戦争終結（南ベトナム民族解放戦線が全土を解放） ■『チープ・シック』刊行
一九七六	●セックス・ピストルズ、宣伝ポスターに〝ネヴァー・トラスト・ア・ヒッピー〟と記す（英国） ●アニタ・ロディックが〈ボディ・ショップ〉を開店、安全な食品や石けんなどを売る（英国） ●スティーブ・ジョブズとウォズニアック、〈アップル〉設立。Apple Iをつくる	■建国二百年（全米各地で記念行事） ■原子力発電所規則法案の住民投票、成立せず（七州で） ■大統領選（ジョージア州のジミー・カーター、再選に名のりを上げたフォードを破って当選） ■アレックス・ヘイリー『ルーツ』爆発的ベストセラー ■セックス・ピストルズ『アナーキー・イン・ザ・UK』（英国）
一九七七	●Apple II 発売	■ジョギング・ブーム
一九七八	●バーモント州バーリントンで、アイスクリーム好きの二人の青年が〈ベン＆ジェリーズ〉をはじめる	■エイズ患者が確認される ■初の試験管ベビー生誕（英国）
一九八〇	●レイモンド・マンゴー、『就職しないで生きるには』刊行	■ジョン・レノン、狂信的ファンに射殺される
一九八一	●デュエイン・エルジン、『ボランタリー・シンプリシティ』（自発的簡素）刊行	■MTV開局

一九八五	●スチュアート・ブランド、電子版フォーラム「WELL」創設	■「ライブ・エイド」開催
一九八六	●サンフランシスコで、屋外イベント「バーニング・マン」開催	■チェルノブイリ原発事故（ソ連）
一九九三	●〈GAP〉が、アレン・ギンズバーグ、ジャック・ケルアック（一九五七年の写真）を広告に起用	■世界貿易センター爆破事件
一九九四	●〈NIKE〉がビートルズの曲「レボリューション」、ウィリアム・バロウズを広告に起用	■ロサンゼルス大地震 ■英仏トンネル開通
一九九五	●ビート大回顧展「ビート文化とニュー・アメリカ」が開催され、冬から一年間アメリカを巡回する	■オクラホマシティ連邦政府ビル爆破事件 ■Amazon.com、サービス開始
一九九六	●ティモシー・リアリー、延命治療を拒否し、自然死を迎える	■ビル・クリントン大統領再選
一九九七	●ギンズバーグ、死去	■クローン羊開発成功
一九九九	●シアトルの世界貿易機関（WTO）総会に反対し、アナーキスト、学生、環境活動家ら五万人が集まりデモ活動	■コロンバイン高校銃乱射事件
二〇〇五	●スティーブ・ジョブズ、スタンフォード大学の卒業式で「ステイ・ハングリー、ステイ・フーリッシュ」とスピーチする	■ジョージ・ブッシュ大統領就任
二〇〇九	●スチュアート・ブランド、『地球の論点』刊行（ヒッピーが否定した遺伝子工学と原子力を肯定的に論じる）	■バラク・オバマ、大統領就任
二〇一一	●スティーブ・ジョブズ、すい臓がんで死去	■ウサマ・ビンラディン殺害
二〇一四	●『かもめのジョナサン』に最終章が追加され、完成版が発表される ●コロラド州、娯楽用のマリファナの販売を解禁する ●スティーブン・ガスキン、死去	■ミズーリ州で警官が黒人青年を射殺。抗議デモに
二〇一五	●〈ウォーカー・アート・センター〉で「ヒッピー・モダニズム展 ユートピアのための闘争」開催	■「シャルリー・エブド」襲撃事件（フランス） ■全米で同性結婚を合法化
二〇一九	●『ヴィレッジ・ヴォイス』廃刊 ●ピーター・フォンダ、死去 ●「マンソン事件」を材にとったハリウッド映画『ワンス・アポン・ア・タイム・イン・ハリウッド』がヒット。ヒッピー文化に注目集まる ●ウッドストック五〇年記念フェス、開催中止に	■香港で大規模デモ ■バンクシーの絵画、十三億円で落札（英国）
二〇二二	●シティ・ライツ書店の創業者、ローレンス・ファリンゲティ死去	
二〇二三	●ウッドストックの共同創設者、マイケル・ラング死去	■ロシア軍、ウクライナを侵攻 ■全世界でコロナ感染者数が激増
二〇二四	●『ヒッピーの教科書』刊行 ●Canの元ヴォーカリスト、ダモ鈴木死去	■コロナ旋風、収束へ

年表作成にあたり、以下の資料を参照させていただきました。記して感謝します

・『銀星倶楽部07 バロウズ plus ビートニク』ペヨトル工房・1987年
・『ジャック・ケルアック 放浪天使の歌』スティーヴ・ターナー著、室矢憲治訳・河出書房新社・1998年
・『世界神秘学事典』荒保宏編・平河出版社・1981年
・『60年代アメリカ』トッド・ギトリン著、疋田三良・向井俊二共訳、彩流社・1993年
・『マッド傑作選1』TBSブリタニカ・1979年

ヒッピー・フレーズ2

バイ・セクシュアル（同性愛と異性愛、両方の）

AC-DC

BEAUTIFUL PEOPLE

すすんだ人々
（＝ヒッピーたち自身のこと）

BE-IN

ビー・イン
（「何もしないこと」を目的とするヒッピーの集会）

いい感じ

GOOD VIBRATIONS

しびれる

GROOVY

TRIP

トリップ 麻薬を飲んで陶酔する

（根気よく）前進する

TRUCKIN'

ハプニング 街頭で通行人を巻き込んでおこなわれる、筋書きなしの突発的な表現行動

HAPPENING

圧倒的な、すごい

MIND BLOWING

YIPPIE

イッピー 政治的にラディカルなヒッピーのグループ、「国際青年党」の略称

参考文献：『アメリカ俗語辞典』ユージン・E. ランディ編、堀内克明訳、研究社出版

1974-2024

ヒッピーの現在

そもそも、ヒッピーの始まりは、五〇年代のビート・ジェネレーションなのじゃが、ビートからヒッピーまでをつなげた歴史が書かれた本があまりなかった。だから、そのもっとも重要な部分を、みんなに理解してもらいたかったんじゃ。

Chez Panisse
アリス・ウオータース

Apple
スティーブ・ジョブズ

THE BODY SHOP
アニータ・ロディック

Whole Foods Market
ジョン・マッケイ

Virgin Atlantic
リチャード・ブランソン

カウンターカルチャーと呼ばれる考えの意味も、うっすらとじゃが、理解できたわ。

ヒッピーが歴史上で重要となるポイントはいくつあるんじゃが、わしが思うのは、二十一世紀に入ってエコロジーとオーガニック、つまり有機栽培など自然食の運動を広めた功績じゃ
かつては一部の人だけのものとみなされとった無農薬野菜や、ナチュラル・スキンケア用品じゃね。いまではスーパーに有機食品専門のコーナーがあるよのう。

どれも七〇年代後半ごろから普及し、商品として世界に定着してきた……もっとも、かつてのヒッピーは商業主義を毛嫌いしたがのう。
具体的に話してくれんかねえ？

たとえば、伝説となった一九六九年の〝ウッドストック音楽祭〟で、観衆たちはフェスティバルの最中、企画者側にくってかかったそうじゃ。

〝ウッドストック〟は、ヒッピーが企画運営して、愛と平和と自由をみんなで謳うフェスだろう。なのに、オレたちはなぜ、カネをはらって入場しなきゃいけないんだ？

と。

入場料を払うのは、当然じゃないん？

すべてをフリー＝無償にするのが、ヒッピーの正しいありかたじゃと信じとったけえ、気にくわんかったんじゃ。運営者側は同時にフェスを映画撮影していて、翌年、世界中で上映して、その映画は大ヒットしたんじゃが、ヒッピーは「商業主義に与（くみ）している」と、それにも腹を立てたんじゃ。

コマーシャリズム＝資本主義＝体制、という考え方じゃね。

ベトナム戦争で人殺しを推進するアメリカを、わしらは許せんかった。ヒッピーは当時、真の〝自由〟を探しとった。青臭い疑念じゃが、当時わしも〝自由〟というものにとりつかれてのう……。六〇年代から七〇前代初頭、〝生活〟を拒否して、生涯、青くさいまま死んでった若者も少なくなかったんじゃ。ジャニス・ジョップリン、ジミ・ヘンドリックス、ジム・モリソン、そしてニール・キャサディ……。〝大バカヤロー〟かもしれんけど、わしはこの人たちに惹かれるわい。人生や世界を変えたいと真摯に向き合っとるけえ。

ヒッピーは、矛盾のかたまりじゃ。冷静に考えてみんさい。「コミューン」なんて、メンドクサイものの筆頭じゃろ？

人間は、愛がほしい動物じゃけえね

ユートピアを求めるからのう…
そんなものは何処にもない！

この世にないからユートピアなんじゃ。じゃが、ヒッピーはピース、ラブ、ドラッグ――〝三種の神器〟でユートピアを、現世に実現しようとした。大切なのは、理想をいだき、実行したこと、そこに価値があった。
ヒッピー・ムーブメントは、〝理想社会〟建設を実行しようとする運動だったんじゃね。六〇年代の終わりに、しぼんでいってしもうたが…。

しぼんだ理由としては、世の中が不況になったことがデカかった。
なんやかんやいうても、ヒッピーは豊かな社会の産物じゃ。

もうひとつ。もともと内包しとった無理が前面に出てきた。フリー・ラブ、コミューン、度を過ぎたドラッグ……。
極端な理想主義者じゃったね。おそろしく真面目な人たちだったんじゃ。

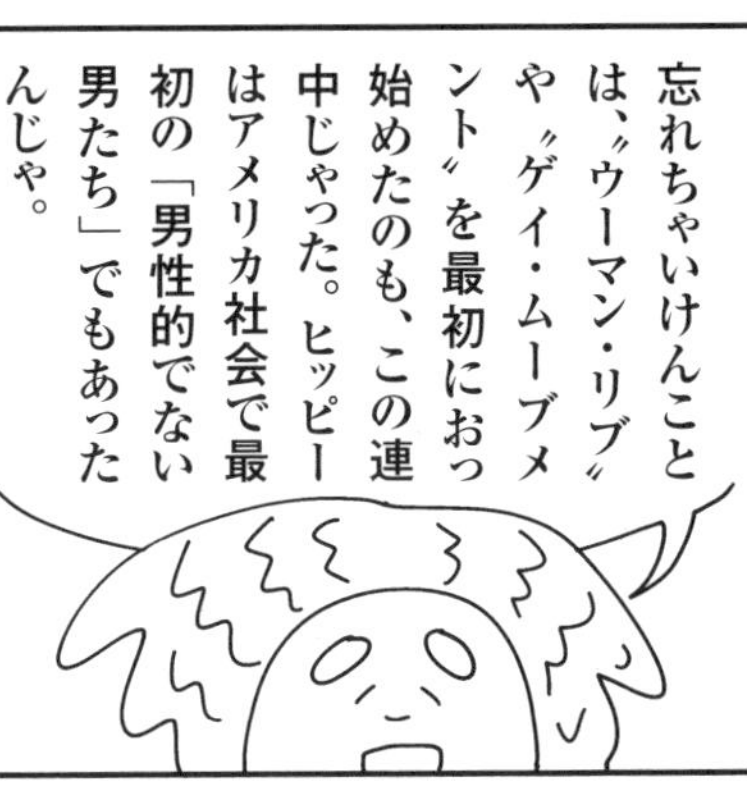

忘れちゃいけんことは、〝ウーマン・リブ〟や〝ゲイ・ムーブメント〟を最初におっ始めたのも、この連中じゃった。ヒッピーはアメリカ社会で最初の「男性的でない男たち」でもあったんじゃ。
ヒッピー・ムーブメントって、再燃するんじゃろうか。
さあな。
いまは六〇年代じゃないけえのう。じゃけど、いつの時代も、〝理想〟と呼ばれるもんは、最初は下のほうから、ちいさなことから始まる。アメリカの公民権運動のはじまりも、そうじゃった。

あれはたしか、四人の黒人大学生が…。

「ここで一杯のコーヒーを飲みたい」と主張したことで始まった大衆運動じゃった。主張が正しかったから、声はどんどん大きくなって、その結果、大規模デモが起こり、ヒッピー思想と合流して、アメリカを変えてしまったじゃろ。

予言しよう。人間が〝理想〟を捨てんかぎり、夢は現実となる。未来はイカれた連中の、夢とか無茶からしか生まれてこんのじゃ。

まんが制作にあたり、以下の資料のお世話になりました。
厚くお礼申し上げます（刊行順）

枝川公一『なんとかしなくちゃ　アメリカをゆるがす生き方革命』（主婦と生活社・1973）
斎藤次郎『共犯の回路 ロック×劇画 可能性のコミュニケーション』（ブロンズ社・1973）
エクトール・オバルク、アラン・ソラル、アレクサンドル・パッシュ
『レトロ宣言 クラシックから見栄の極致まで』（五十嵐邦夫訳・徳間書店・1987）
デレク・テイラー『サイケデリック・シンドローム　それはビートルズから始まった』
（水上はるこ訳、シンコー・ミュージック・1988）
R・モートルビー編『20世紀の歴史 10　大衆文化〔下〕1954～　虚栄の市』
（川本三郎監修、中山容監訳・平凡社・1991）
トッド・ギトリン『60年代アメリカ　希望と怒りの日々』（疋田三良、向井俊二訳・彩流社・1993）
ジェリー・ルービン『マイ・レボリューション』（田中彰彦訳・めるくまーる・1993）
ハリー・シャピロ『ドラッグ in ロック』（室伏洋子、越智道雄訳・第三書館・1995）
ギャリー・ロス『象と逃げた男』（斎藤伯好訳・新潮社／新潮文庫・1995）
海野弘『カリフォルニア・オデッセイ 3　めまいの街　サンフランシスコ六〇年代』
（グリーンアロー出版社・2000）
マーティン・トーゴフ『ドラッグ・カルチャー アメリカ文化の光と影』
（宮家あゆみ訳・清流出版・2007）
バートン・H・ウルフ『ザ・ヒッピー　フラワー・チルドレンの反抗と挫折』
（飯田隆昭訳・国書刊行会・2012）
竹林修一『カウンター・カルチャーのアメリカ　希望と失望の1960年代』（大学教育出版・2014）
武邑光裕『ベルリン・都市・未来』（太田出版・2018）

雑誌：『pocket パンチ Oh!』（平凡出版／現・マガジンハウス）、『朝日ジャーナル』（朝日新聞社）、
『思想の科学』（思想の科学社）

・「ヒッピーの一日」については、日高義氏「サイケデリックの世界」
（『ポップス』1967年8月号所収、音楽之友社）、「1971年以降の状況」については、
ダグラス・ラミス氏「ドロップ・アウトその後」（『展望』1975年5月号所収・斎藤靖子訳・筑摩書房）
の記述を参考にさせていただきました
・広島弁については、神原真帆さんの協力を得ました。

【ヒッピーの現在】（了）

ヒッピー・シンボル

ピース

人生の指針とする理想（反戦、非暴力、愛）を書きあらわすときのサイン

ピース

親愛の情を示すハンドサイン。手のひらを自分に向けながらVをつくる

アンク

「生命」あるいは「生きること」を意味する。

パワー・サリュート

拳を高く掲げて抗議をする示威行為。黒人差別への抗議から生み出された

スマイル

「愛と平和のシンボル」として親しまれ、日本でもさまざまな商品が発売された

シータ

エコロジー運動を象徴した記号で、ギリシア文字「シータ」を図案化したもの

ファック

相手に対する侮蔑を意味する表現。イギリスでおもに用いられる

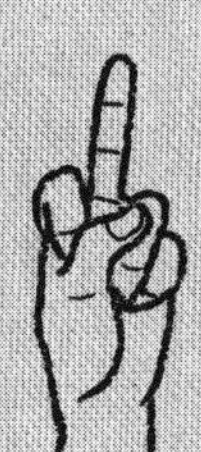

ファック

同じく敵意を含んだ侮蔑表現。「Fuck War!」のように使われる

ピジョン

白いハトは「平和の象徴」として表現される場合が多い

イン・ヤン

あらゆる物事を「陰」と「陽」の二つに分類する思想・哲学

グラース

マリファナの意味。「メリー・ジェーン」とも呼ばれる

フラワー・オブ・ライフ

宇宙発生時の表現。中心から生命が誕生して広がっていくようすを表わしている

参考文献：『アメリカ俗語辞典』同前

APPENDIX

資　料

用語解説
（50音順）

ビート関連

ア行

イースト・ヴィレッジ
East Village

一九五〇年代のはじめ、芸術家やビート詩人たちがニューヨーク南部区域のコーヒーハウスに集まりはじめて文化的なたまり場になった。一九六〇年代になるとヒッピーが集いだし、カウンター・カルチャーの中心地となる

『オン・ザ・ロード』
On The Road

ジャック・ケルアックの代表的な小説。一九四〇年代から五〇年代初頭にかけて、ジャズのエネルギーにはじけながらハイウエーを旅するサル・パラダイスとディーン・モリアーティの物語

カ行

ギャラリー・シックス
Gallery Six

一九五五年一〇月、サンフランシスコで開催されたポエトリー・リーディングの会場の名称。アレン・ギンズバーグ、ゲーリー・スナイダー、グレゴリー・コーソなどが参加したこのイベントは「サンフランシスコ・ポエトリー・ルネサンス」としてアメリカ現代詩の再興のはじまりとなった

ケプラーズ書店
Kepler's Books

ブックカフェ。ビートの影響を受けた前衛的な芸術家や音楽家、作家たちのたまり場。七〇年代に入ると、のちに初期のパソコン文化を形成する人物たちが集まってきた

サ行

シティ・ライツ書店
City Lights Books & Magazines

ローレンス・ファリンゲティがピーター・マーティンと共にノース・ビーチに開いた書店。小出版社の機能も有していて、アレン・ギンズバーグの『吠える』はここから出版された

スクエア
Square

アメリカ的な価値観を無条件に信じている標準的・典型的な人。頭を短く刈り、白いワイシャツにネクタイをしめ、きちんとスーツを着てビジネスに精を出すというイメージ

ナ行

ノース・ビーチ
North Beach

サンフランシスコ北東部の地区。繁華街から少しはずれていて家賃が安かったので、若い無名のジャズ・ミュージシャン、画家、詩人たちが集まり、ビート運動の本拠地になった

ハ行

ビィアティフィック
Beatiffic

至福の、最高のという意味。「ビート」はこの言葉から出たともいわれる

ビート
Beat

本来は「打ちひしがれた」という意味だが、ビートということばの意味を変えたのはジャック・ケルアックの小説『オン・ザ・ロード』の出現だった。ケルアック自身の記述によれば、「資本主義社会という機構の歯車になれない個性尊重主義の世代」に対して「打ち負かされた世代（ビート・ジェネレーション）」と呼んだところからこのことばが使われた

ビート・ジェネレーション
Beat Generation

一九五〇年代後半、サンフランシスコを中心に起こった文化のルネサンス運動。当時の若者たちの総称として用いられることもある。ビート世代による「文明と離脱し、自然の中へ」という主張は六〇年代のヒッピーに多大な影響をあたえた

ヒップ
Hip

作家のノーマン・メイラーによれば、アメリカ人は

ヒップな人間とスクエアな人間の二種類に別けることができ、メイラーはヒップを支持し、自分はヒップな人間だと言っている。ヒップな人間とは、髪は長く、服装はルーズで、生活も型にはめられるのをきらう。伝統的な価値の押しつけを拒否して、黒人とともにヒップなものを共有して理解するようなタイプの人間をさす

マ行

マリファナ
Marijuana

インド大麻の雌株の花穂、茎、葉を乾燥させたもの。タバコにまぜて、あるいは単独で吸ったり食べたりすると、幻覚症状をともなった酩酊状態におちいる。中南米では古くから嗜好品として用いられており、酒やタバコと同様の意味をもっていた

メスカリン
Meskalin

ウバタマとよばれるサボテンから抽出される幻覚成分。南北アメリカのインディアンによって宗教的儀式に用いられる

ヒッピー関連

ア行

アヴァロン・ボールルーム
Avalon Ballroom

サンフランシスコにあった、小さくて豪華なダンスホール。オウナーはチェット・ヘルムス

アシッド・テスト
Acid Test

ケン・キージーと彼の仲間たち（メリー・プランクスターズ）が一九六五年から六六年にかけてサンフランシスコ周辺やロサンゼルスで開催していたイベント。即興音楽、ストロボ・ライト、プロジェクターによる映像、エンドレス・テープ、粉末ジュースに溶かしたLSD（当時は合法）などが呼び物。ザ・ワーロックス（のちのグレイトフル・デッド）が参加して、LSD服用実験時のBGMの演奏をつとめた

アメリカ・インディアン
American Indian

ヒッピーたちの間で六〇年代、アメリカ・インディアンの思想や文化について価値の再評価が高まった

アンダーグラウンド・コミックス
Underground Comix

暴力、セックス、狂気など、一般的なアメリカのコミックに存在しているタブーに反対した作家たちが、もっと切実な表現をしたいという欲求から誕生した。代表的な作家にロバート・クラム、ギルバート・シェルトン、ヴィクター・モスコソなど

アンダーグラウンド・プレス
Underground Press

アメリカの各地で発行されていた先鋭的な新聞やリトルマガジン。大新聞の空白をつく政府批判や集会の告知、実験映画、小説、詩、演劇などの情報が掲載された。代表的なものに『ヴィレッジ・ヴォイス』（ニューヨーク）、『ロサンゼルス・フリー・プレス』（ロサンゼルス）、『サンフランシスコ・オラクル』『バークレー・バーヴ』（共にサンフランシスコ）などがあった

『イージー・ライダー』
Easy Rider

当時まだ無名の若者だったデニス・ホッパーが一九六九年に製作した映画。ストーリーはコカイン密輸で大金を得た二人の若者がオートバイでカリフォルニア州からフロリダ州まで旅をする。「ホモ野郎をおどかしてやれ！」と叫ぶ南部のトラック運転手に二人が散弾銃で撃たれ、あっけなく殺されるところで終わる

イッピー
Yippie
青年国際党（ユース・インターナショナル・パーティ）の略。「政治意識の高いヒッピー」の意味をこめてポール・クラスナーにより名づけられた。一九六八年のシカゴ民主党大会でデモをおこなったところから一般に注目された

ウッドストック・フェスティバル
Woodstock Festival
一九六九年八月一五、一六、一七日の三日間にわたって、ニューヨーク市の郊外でひらかれたロックの祭典。ジミ・ヘンドリックス、サンタナ、ザ・フー、クロスビー・スティルス・ナッシュ&ヤングほか、ロック中心のグループが多数出演。約四〇万人の観衆を集めたことでロック史上の伝説となった

エクスパンデッド・シネマ
Expanded Cinema
感覚の拡張（エクスパンデッド）を意図して制作された映画。プロジェクター、コンピューター、電子音楽などの要素を統合して表現する

LSD
LSD
エル・エス・ディー。リセルグ酸ジエチルアミドのもっともよく使われる名称。ライ麦の穂に成長する菌類でつくられる麦角から抽出される。トランスパーソナルの心理学者スタニスラフ・グロフによれば、「LSDはすでにわれわれの意識のなかに存在しているものを解き放ち、日常的に意識している部分より深い側面を自覚させてくれるものである」という意味のことを述べている。一九四〇年代当時、LSDはまだ合法的なもので、その使用はさまざまな論争を巻き起こしたが、アルコール中毒やノイローゼの治療、人生に関する深い理解の達成など、心の扉を開ける道具として歓迎されていく。六〇年代初頭のアメリカではLSDは薬局に置かれていたが、六六年一〇月六日に法的規制対象となった

エンカウンター
Encounter
集団感性訓練の名称。裸になって互いの体を触れ合い、自由に語り合うことで幸福な状態をめざす。一九六八年後半、大学生の間からひろがりだしたところから注目された

オルタモント
Altamont
カリフォルニア州オルタモントで開催されたローリング・ストーンズが主宰のフリー（無料）・コンサート。ウッドストック開催と同年の六九年一二月四日におこなわれた。会場警備に雇われたヘルズ・エンジェルスたちが観客たちに暴力をふるいまくったあげく、ステージ前の黒人青年を刺殺するという悪夢のような出来事が発生。「オルタモントの悲劇」と命名され、「ヒッピーのユートピア幻想の終焉」として語られるようになった

カ行

『カッコーの巣の上で』
One Flew Over Cuckoo's Nest
一九六二年発表のケン・キージーの処女小説。精神病院になぞらえたアメリカに生きる主人公を小説で表現したことで賞賛され、作家としての名声を得た。スタンフォード大学院生時代にキージーがLSD投与による人体実験の被験者として働いた経験から書かれたもので、この本の印税でキージーはサンフランシスコの南、ラ・ホンダに土地を購入し、自由人を集めたコミューンを形成。メリー・プランクスターズの原型となる

グレイトフル・デッド
Grateful Dead
サイケデリック・ロックを代表するグループ。一九六五年、サンフランシスコのコーヒー・ハウスでジェリー・ガルシア、ボブ・ウィアらにより結成される。九五年八月、ガルシアの死を契機に解散した

『この本を盗め』
Steal This Book
ドラッグの売り方や買い方、無償で品物やお金をくすねて生きていく方法などについて書かれたアジテーションの本。アビー・ホフマン著（邦訳：一九七一年、都市出版社）

コミューン
Commune
それまでばらばらに生活していたヒッピーたちがお互いのつながりを大切にしたいと考え、六八年頃から都市や地方にコミューンと呼ばれる生活共同体をつくりはじめた。農を中心とした自給自足生活をベースに、参加者たちは工芸品の製造、大麻栽培などで、グループの経済面を補填した

サ行

サイケデリクス　Psychedelics
幻覚性物質。イギリス人精神分析医ハンフリー・オズモンドが一九五七年、ギリシア語のPsyche（魂、精神）とeidos（みる）のふたつの言葉を合わせて造語し、広く用いられるようになる

サイケデリック・アート
Psychedelic Art
幻惑的な意匠にあふれた手づくりのポスターやイラストレーションなどの表現の総称。ヒッピーが東洋宗教から持ち込んだ「マンダラ」のような意匠と、一九二〇年代のヨーロッパで流行した「アール・ヌーヴォー」からの影響などが混ざりあって誕生した

サイケデリック・ショップ
Psychedelic　Shop
ヒッピーを顧客対象とした初のショップ。本、服、レコードなどが買えた。一九六六年一月、ロンとジェイのシーリン兄弟によりヘイト＝アシュベリーに創業。六七年一〇月末に閉店

サイケデリック・ポスター
Psychedelic Poster
強烈な色彩、奇妙に歪んだめまいを起こさせるレタリングが特徴で、コンサートや演劇の告知として利用された

サマー・オブ・ラヴ
Summer of Love
一九六七年夏、ヒッピーたちの自由なライフスタイルが雑誌やテレビを通じて全国に広がり、彼らに憧れた若者が大挙してサンフランシスコに押しかけた現象をこのように呼んだ

『ザ・サンフランシスコ・オラクル』
The San Francisco Oracle
一九六六年九月、サンフランシスコでアラン・コーエンにより編集発行されたアンダーグラウンド新聞。香水入りの用紙に虹色のインクで印刷するなど、LSD文化の代名詞的存在となった。日本で六〇年代に発行されたヒッピー新聞『部族』にも『オラクル』からの影響が見られる

サンフランシスコ・サウンド
San Francisco Sound
ドラッグの影響によって形づくられた音楽を創り出すアーティストたちのサウンドの総称。代表的なグループに、ジェファーソン・エアプレイン、グレイトフル・デッド、ビッグ・ブラザー・アンド・ザ・ホールディング・カンパニー、ザ・シャーラタンズ、クイックシルバー・メッセンジャー・サービス、カントリー・ジョー＆ザ・フィッシュ、モビー・グレープ、イッツ・ア・ビューティフル・デイ、ラヴなど

シタール
Sitra
ジョージ・ハリソンの東洋文化への傾倒から、ビートルズは一九六五年『ラバー・ソウル』、六六年『リボルヴァー』、六七年『サージェント・ペパーズ・ロンリー・ハーツ・クラブ・バンド』と、三作品連続してアルバムのレコーディング時にインドの民族楽器シタールを導入。続けてブライアン・ジョーンズがローリング・ストーンズでシタールを使うようになったあたりから、サイケデリック・ロックの代名詞のようにシタールの音色が語られはじめた

シャロン・テート事件
Sharon Tate Murder Case
一九六九年八月、ロサンゼルス郊外のロマン・ポランスキー邸で、新進女優シャロン・テートを含めた三名がヒッピー風の男に惨殺される事件が起き、チャールズ・マンソンが主犯として逮捕される。血

文字を壁に残すという猟奇性により、カウンター・カルチャーのダークな側面のイメージが広がった。後年、この事件を材にした映画『ワンス・アポン・ア・タイム・イン・ハリウッド』（クエンティン・タランティーノ監督）が制作された

ソーホー
SOHO
ニューヨーク市内ヒューストン通りの南地区。一九七〇年代に入ってから東海岸のポップ・アーティストたちが集まってきて創作活動をおこなうようになる。七〇年六月、「ソーホー・アート・フェスティバル」が初開催されて人気を呼んだ

タ行

タイ・ダイ
Tie-Dye
絞り染めを施した色調の服。コミューン生活から生まれたファッションとされて、ジャニス・ジョプリンのようなロックスターがステージで着用したところから人気を呼んだ

『知覚の扉』
The Doors of Perception
カリフォルニア在住のイギリス人作家オルダス・ハクスレーが、精神科医の指導のもとでメスカリンを体験して、投薬の影響下における知覚の変容を記した本（一九五四年刊）。六〇年代に入ってヒッピーのハイブルとなる。六五年、「ザ・ドアーズ」結成前のジム・モリソンがこの本の書名からバンド名をとった

『チベット死者の書』
The Tibetan book of the Dead (Bardo Thodol)
東洋宗教による救済を求めたヒッピーたちにより発見されたチベット密教の書。死と再生を通じて人間は真理に到達できると説かれている

ディガース
Diggers
一九六六年にヘイト＝アシュベリーで最初に組織された団体。ヒッピーの救済を目的に、地元のスーパーマーケットやレストランから入手した食べものや衣料をゴールデンゲート・パークで無料で与えた。ディガースはもともとアンダーグラウンドの演劇集団で、前身は五九年結成のサンフランシスコ・マイム・トゥループにあった

ディグ
Dig
熱中する、自己の内奥に入りこんで理解を深める

デッドヘッズ
Deadheads
グレイトフル・デッドの音楽とライヴ体験をこよなく愛し、そこに何か特別な意味を見出し、さらに同じように感じているほかの人々と共同体をつくっている人のこと

トランセンデンタル・メディテーション
Transcendental Meditation
ビートルズが一時傾倒したインド人の聖者（マハリシ・ヨギ）が創始した一種のインスタント式の禅。略称TM。LSDの使用が禁止され、幻覚剤によるサイケデリックから禅によって心を開く瞑想へという動きのなかで瞑想に関心をもつ大学生がふえはじめた。ヒッピーも入信者が多かった

トリップ
Trip
ドラッグを摂取して陶酔すること

トリップス・フェスティバル
Trips Festival
サンフランシスコのロングショアメンズ・ホールで

一九六六年一月二一日から二三日の三日間にわたり開催された伝説的イベント。前衛映画やライト・ショーなどが展開され、サイケデリックの新しい可能性を開いた。企画者は『ホール・アース・カタログ』を創刊したスチュアート・ブランド

ハ行

ハプニング
Happening

偶然に起こる出来事の偶然性をたのしみながら、その偶然に反応していく表現運動。一九五九年にニューヨークで「六つの部分と一八のハプニング」というショーをおこなった詩人アラン・カプローが創始者といわれる

『ビー・ヒア・ナウ』
BE HERE NOW

ニューエイジ・ムーブメントのリーダーの一人ババ・ラム・ダス（リチャード・アルパート）が書いた本。この本に傾倒したスティーブ・ジョブズは、若き日にこの本を抱いてインドに旅立った

ピース・エンブレム
Peace Emblem

ペンダント、ボタンなどのアクセサリーの総称。平和と友愛を求める示威表現として用いられる

ピース・サイン
Peace Sign

ベトナム戦争の渦中にヒッピーや反戦運動家の間で流行したジェスチャー。人さし指と中指でV字形をつくり、掲げる

ヒッピー
Hippie

愛、平和、自由を説く人。髪やひげを伸ばし、さだめられた家をもたず、気の向くまま旅をする。（着たくなければ）衣服をまとう必要もない。ギリギリにカネを得る以外には働く必要もない。自然状態のものに対して強い仲間意識と愛情をもつ

ヒッピー・ボタン
Hippie Button

六〇年代のバークレーでは、さまざまな運動のパンフレットと共にボタン（＝バッジ）が売られ、ヒッピー・ボタンと呼ばれるようになった。ボタンの表には、たとえば次のようなメッセージが書いてある。「恋愛しよう、戦争はごめんだ！」〝Make Love, Not War!〟、「徴 兵 反 対！」〝Register for Power!〟、「三〇過ぎの者を信用するな！」〝You can't trust anybody over 30!〟

ヒッピーの死
Death of Hippie

ヘイト＝アシュベリー地区でヒッピーたちの薬物使用があまりに一般化し、街がすさみスラム化したあたりから警察の監視と追及がきびしくなった。このように退廃した精神を葬るのだと考えた元祖ヒッピーたちによって一九六七年一〇月六日、「ヒッピーの死」という儀式が開催された。棺をかかえたヒッピーがヘイト・ストリートを練り歩きながら、サイケデリック・ショップの看板や装身具などを土中に埋葬することで精神の再生をはかった

ビッグ・サー
Big Sur

サンフランシスコから南に二四〇キロの地点に位置する海岸線。自給自足の生活を志向するヒッピーが大挙して訪れてきてコミューンを形成した。ここにはサイケデリック・ムーブメントと密接な関連をもった「エサレン研究所」も存在したため「ヒッピーの聖地」とも呼ばれた

ビューティフル
Beautiful

すてき！　かっこいい！　など、賛成したり真価を認めたりした場合に用いる。音楽や詩の朗読を聞いて感動したときに「ビューティフル」と言う

ヒューマン・ビー・イン
Human Be In

一九六七年一月一四日、ゴールデンゲート・パークで開催されたヒッピー集会。花を配り、香をたき、マリファナを吸い、一万人以上の若者が、屋外で生の歓びを讃えあった。招待された著名人の一人、ティモシー・リアリーは「ターン・オン、チューン・イン、ドロップ・アウト（陶酔せよ、同調せよ、脱落せよ）」というスローガンをヒッピーたちに向けて唱えた

ファー・アウト
Far Out

並はずれていてすばらしい

フィルモア・イースト
Fillmore East

ニューヨークのロウアー・イーストサイドにあった二四〇〇席の劇場。以前はヴィレッジ劇場として知られていたが、一九六八年にビル・グレアムが改名した

フィルモア・ウエスト
Fillmore West

ビル・グレアムにより命名されたダンスホール。二八〇〇人収容

フィルモア・オーディトリアム（昔のフィルモア）
Fillmore Auditorium

ビル・グレアムにより一九六五年秋から六八年六月まで運営されていたダンスホール。新世代ロックグループのショーケースとしてヒッピーたちを引きよせた。入り口に無料のリンゴが積み上げられてあったことでも知られる

プラスチック・ヒッピー
Plastic Hippie

定職をもっていて週末だけヒッピー・スタイルになって遊びまわるようなニセのヒッピー。「プラスチック」には「ニセの（false）」「いんちきな（phony）」という意味もある

フラワー・パワー
Flower Power

威圧、強制、暴力に対するものとして、平和を通じて変革をなしとげるような力。例として、服や髪に花をつけ、警官の顔の前に花をつきだし、黙って抗議する、など。同じ反体制派でも政治志向型の左翼活動家とは異なり、ヒッピーは全体に政治に対してペシミスティックだった。しかしベトナム反戦運動の盛り上がりにともなって政治運動にも顔をだす者がふえ、フラワー・パワーのような独自の示威行動がおこなわれるようになった

フリーク・アウト
Freak Out

社会の基準から逸脱して、思い切って破天荒な行為をすること。マザーズ・オブ・インベンション（アメリカ人の前衛音楽家フランク・ザッパ率いるロックグループ）のデビュー・アルバムのタイトルにもなった

フリー・スピーチ・ムーブメント
Free Speech Movement

一九六四年、ベトナム反戦を契機にカリフォルニア大学バークレー校で開始された学生による言論運動

フリー・ユニバーシティ
Free University

自主教育コミュニティ。忘れられた領域の研究に踏み出す。U.C.バークレーのような大学の周辺に誕生して人気を集めた

フリー・ラブ
Free Love

古いセックス・モラルからの自由を求める考え。ヒッピーたちはセックスとラブが結ばれていると固く信じた

ブレッド
Bread

パンのことではなくお金（money）のこと。「生計」「かせぎ」のような意味。「ブレッドを貸してくれないか」（Can you lend me some bread?）のように使う

ヘア
Hair

ベトナム反戦をテーマにしたロック・ミュージカル。一九六七年秋、ニューヨークの小劇場で上演されて大ヒット。ブロードウエイに衝撃を与えた

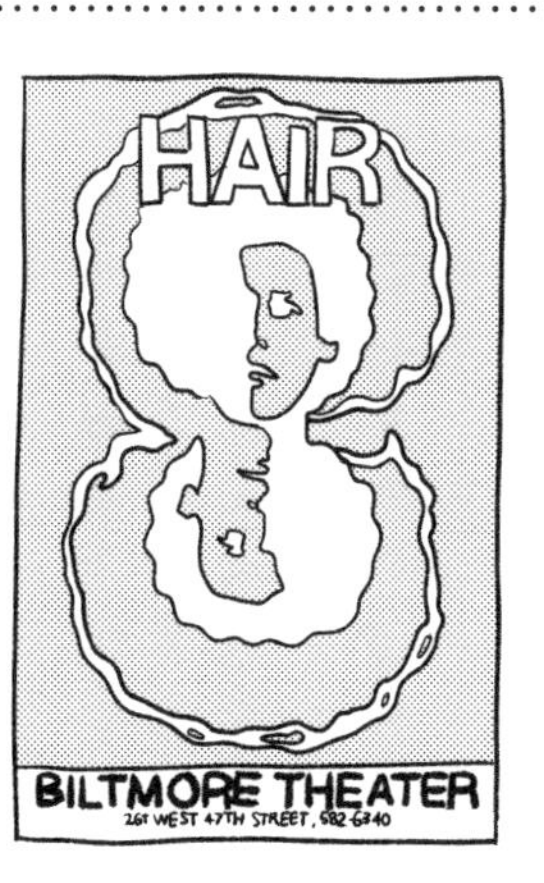

ヘイト＝アシュベリー
Haight Ashbury
サンフランシスコのゴールデンゲート・パークに隣接する区域で、その中心あたりでヘイト・ストリートとアシュベリー・ストリートが交差しているところから名づけられた。一九六七年夏の直前、ヒッピーの誕生地として世界中から注目を集めた

ベッド・イン
Bed in
芸術家として世界平和に貢献しようと決意したオノ・ヨーコとジョン・レノンが一九六九年におこなった身体パフォーマンス。アムステルダムとモントリオールで開催され、反戦歌「ギヴ・ピース・ア・チャンス」（邦題：「平和を我達に」）がレコーディングされた

ヘルズ・エンジェルス
Hell's Angels
ヒッピーと行動を共にするグループのうち、もっとも悪名高いバイク乗りのグループ。ナチスのマークをつけて女性をおどしたり、金品をゆすったりして社会問題になった

ヘルマン・ヘッセ
Helman Hesse
ヒッピーたちの共感をよんだ作家。「デミアン」「東方巡礼」「シッタルダ」といった作品からは東洋仏教への強い関心がうかがわれる

『ホール・アース・カタログ』
Whole Earth Catalog
物質文明に依拠しないで、地球で生きていくために必要な道具と技術と知性を集大成したカタログ。スチュアート・ブランドにより一九六八年創刊

マ行

マン
Man
「よう、俺は打ちのめされたよ（Man, I'm beaten）」というような場合、〝マン〟をつかう

メリー・プランクスターズ
Merry Pranksters
一九六〇年代半ば、ケン・キージーのとりまきによって結成されたヒッピー集団。LSDをのんで恍惚状態になることで、豊かな世界の回復をめざした

モンタレー・ポップ・フェスティバル
Monterey Pop Festival
一九六七年六月に開催されたフォークとロックの祭典。ママス&パパスを中心に、サイモン&ガーファンクル、ジャニス・ジョプリン、ジミ・ヘンドリックスなどが出演。ウエストコーストだけでなくニューヨークやイギリスからもスターたちが駆けつけて、画期的なイベントと賞賛された

ラ行

リキッド・ライト・ショー
Liquid Light Show
舞台美術の一種。コーヒーショップやホールの壁面にスライドや映画を投映したり、ストロボを焚いたりして陶酔的なイメージをつくり、光の中にバンドの演奏を浮かび上がらせる

『緑色革命』
Greening of America
カウンター・カルチャーと若者の運動をたたえた初の本格的評論集（一九七〇年刊）。著者はイエール大学の法学部教授チャールズ・A・ライク

ワ行

ワイト島 ロック・フェスティバル
The Isle of Wight Festival
一九七〇年夏、英国のワイト島で八月二六日から三〇日まで五日間にわたって開かれた音楽祭。ウッドストック・フェスティバルの成功を引きつぎ、三〇万人の若者を集める記録を打ち立てた

ヒッピーに影響をあたえた先駆者たち

（生年順、『　』内は代表的な作品）

ウォルト・ホイットマン
（1819–1892）
アメリカを代表する桂冠詩人。『草の葉』

ヘンリー・ディヴィッド・ソロー
（1817–1862）
思想家。自給自足の実践でシンプルライフを提言

ヘルマン・ヘッセ
（1877–1962）
『東方巡礼』『荒野の狼』をヒッピー世代が発見

鈴木大拙
（1870–1966）
日本の禅文化を海外に紹介。『日本的霊性』

オルダス・ハクスリー
（1894–1963）
みずからの幻覚体験をもとに『知覚の扉』を執筆

毛沢東
（1893–1976）
「中国建国の父」と呼ばれる政治家。『毛沢東語録』

アルバート・ホフマン
（1906–2008）
スイス人化学者。偶然にLSDの幻覚作用を発見する

バックミンスター・フラー
（1895–1983）
思想家、建築家。フラー・ドームの設計でも知られる

ティモシー・リアリー
（1920-1996）
元ハーバード大学教授。LSDによる意識変革を啓蒙した

アラン・ワッツ
（1915-1973）
作家、ラジオDJ。東洋の禅文化を西洋世界に紹介

カルロス・カスタネダ
（1925-1998）
呪術師ドン・ファンの教えに導かれた民族学者

ジャック・ケルアック
（1922-1969）
全米の放浪遍歴を元に『オン・ザ・ロード』を執筆

アレン・ギンズバーグ
（1926-1997）
詩人。『吠える』『カディッシュ』『麻薬書簡』

ニール・キャサディ
（1926-1968）
ビート・ムーヴメントの中心人物

スチュアート・ブランド
（1938- ）
『ホール・アース・カタログ』創刊編集者、環境運動家

チェ・ゲバラ
（1928-1967）
革命指導者。『モーターサイクル・ダイアリーズ』

リチャード・ブローティガン
（1935 - 1984）
ヒッピー・ジェネレーションの気分を表現した作家

ゲーリー・スナイダー
（1930- ）
シエラ・ネヴァダ山中に暮らす詩人、自然保護活動家

エメット・グローガン
（1942-1978）
ヘイト＝アシュベリーで食べ物や衣類を無料で配布

ケン・キージー
（1935 - 2001）
作家。全米の若者たちにLSDを広めるバス・ツアーを敢行

人物名鑑
（50音順）

●ヒッピー・カルチャーに関連した人物を50音順に掲げた
●人名表記は日本で刊行されている書籍の著者名の記載に準じ、
著書は最後に ＊ で示し、代表的作品、または入手の比較的容易な作品を記載した
●主要参考文献：ウィキペディア、『ヘビー・ピープル 123』（常盤新平・川本三郎・青山南 共同編集、
ニューミュージック・マガジン社）、マーティン・トーゴフ『ドラッグ・カルチャー』（宮家あゆみ訳、清流出版）

ア行

アート・クンキン
Art Kunkin
（一九二八〜二〇一九）

大統領を批判する記事を書いて新聞社から解雇宣告された体験から、友人たちから資金を集めて『ロサンゼルス・フリープレス』を一九六四年に創刊。五〇〇〇部近くを売る。同紙はのちのアンダーグラウンド新聞の原型となった

R・D・レイン
R.D.Laing
（一九二七〜一九八九）

イギリスの精神科医。従来の医学的疾病観に立つ精神医学を否定し、社会的・政治的枠組みの中で精神障害がつくりだされたと主張する「反・精神医学」の理論家
＊『結ぼれ』（河出文庫）、『経験の政治学』『好き？好き？大好き？』（共にみすず書房）

アビー・ホフマン
Abbie Hoffman
（一九三六〜一九八九）

反戦活動家。マサチューセッツ州生まれ。学生非暴力調整委員会（SNCC）参加後、イッピー（青年国際党）運動の主要メンバーに。一九三八年の民主党全国大会では共謀罪の容疑で起訴され裁判となる（控訴審で無罪に）。薬物と酒の過剰摂取により死亡
＊『この本を盗め』（都市出版社）

アラン・コーエン
Allen Cohen
（一九四〇〜二〇〇四）

アンダーグラウンド新聞の先駆者。夢のなかに出てきた虹のような新聞をつくろうと思いついたところから、ヒッピー・コミュニティのために『サンフランシスコ・オラクル』を一九六六年創刊。一時は一〇万部を誇るほど評判を呼んだ

アラン・ワッツ
Alan Watts
（一九一五〜一九七三）

宗教家。イギリス生まれ。十代から中国や日本の文化に本格的な関心を寄せ、一九歳で初の著書『The Way of Zen』を発表。「エンターテイナー哲学者」として東洋の精神をラジオで伝えたことで若者のカリスマとなり、アメリカの禅ブームを形成した

アリシア・ベイ＝ローレル
Alicia Bay Laurel
（一九四九〜　）

作家、シンガー・ソングライター。ロサンゼルス生まれ。ボヘミアンの生き方に憧れ、高校卒業後ヒッチハイクで全米を旅してまわる。カリフォルニア北部のコミューン「ウィラーズ」に参加。共同生活から得た経験と知識を本にして人気を博した
＊『地球の上に生きる』『太陽とともに生きる』（共に草思社）

アルバート・ホフマン
Albert Hofmann
（一九〇六〜二〇〇八）

科学者。スイス・バーデン生まれ。サンド製薬会社在籍中の一九三八年、麦角菌を研究する過程で偶然にLSDの強力な幻覚作用を発見。六〇年代に向精神薬として再発見されてヒッピーたちに普及した（六八年、LSDは禁止薬物に）
＊『LSD 幻想世界への旅』（新曜社）

アレン・ギンズバーグ
Allen Ginsberg
（一九二六〜一九九七）

詩人。ニュージャージー州生まれ。大学卒業後、全米を放浪。一九五六年、詩集『吠える、その他の詩』、六〇年、精神病院で死んだ母親のための鎮魂歌『カディッシュ』刊行。六一年、インドでヒンドゥー教徒として修行。六〇年代後半からはヒッピーやニューレフトと交流をはかり、反戦デモの先頭に立った
＊『ギンズバーグ詩集』（思潮社）

アンドルー・ワイル
Andrew Weil
（一九四二〜　）

医学博士。ペンシルベニア州生まれ。ハーバード大学医学校を卒業。国立精神衛生研究所の研究員などつとめながら、マリファナなどの意識を変える植物の研究に従事。自然治癒力を引き出すための統合医療を提唱
＊『ネイティブ・マインド』『ナチュラル・メディスン』（共に春秋社）

ウィリアム・バロウズ
William S. Burroughs
（一九一四〜一九九七）

作家。ミズーリ州生まれ。パーティの席上でウィリアム・テル遊びの末に妻を誤まって射殺、刑事責任を追求される。その後、メキシコ、ヨーロッパ、アフリカを

放浪。一九五三年、デビュー作『ジャンキー』(河出文庫)発表。五九年の実験小説『裸のランチ』(同前)が内容がわいせつであるとされて発禁処分を受けた

エメット・グローガン
Emmett Grogan
(一九四四〜一九七八)

活動家、作家。六〇年代中期、ヘイト=アシュベリーで街頭劇団「ディガース」創設。一日六〇〇人近くの人に無料で公演開催。家出した大勢の若者たちのために食材、衣類、宿泊所を無料で提供する活動を同時におこなう。ヘロインの過剰摂取によりニューヨークの地下鉄で死亡

*『十二歳からの反乱』(草思社)

オーガスタス・オウズリー・スタンリー3世
Augustus Owsley Stanley III
(一九三五〜二〇一一)

ケンタッキー州選出の上院議員 A・オウズリー・スタンリーの孫。カリフォルニア大学バークレー校を中退後、同級生と共同してLSDの大量製造を開始。きわめて高純度で生み出されたLSDはすべて1ドル50セントでヒッピーに寄贈された。グレイトフル・デッドの音響アドバイザーもつとめた

オルダス・ハクスレー
Aldous Huxley
(一八九四〜一九六三)

イギリスの小説家、批評家。一八歳で眼病のため失明状態となって医学から文学に転向。一九三二年『すばらしい新世界』(ハヤカワ文庫)の発表後、神秘の崇拝者に変貌。アメリカ移住後はさらに宗教的神秘主義の傾向を強め、メスカリンやLSDなどによる神秘体験を重ねた

*『永遠の哲学』(平河出版社)、『知覚の扉』(平凡社ライブラリー)

カ行

カート・ヴォネガット
Kurt Vonnegut
(一九二二〜二〇〇七)

小説家。インディアナ州生まれ。第二次大戦に従軍してヨーロッパに行き、ドレスデンで捕虜として連合軍の無差別爆撃を体験。その後ニューヨークに移り、ジェネラル・エレクトリック(GE)社の宣伝部に入ったのち、一九五〇年から作家活動に入る。作家としての基盤は五二年、長編小説『プレイヤー・ピアノ』(ハヤカワ文庫)で形成した　*『猫のゆりかご』『スローターハウス5』(共に同前)

グレイス・スリック
Grace Slick
(一九三九〜)

ヴォーカリスト、画家。イリノイ州生まれ。ニューヨークでモデルや音楽活動をした後、サンフランシスコに。一九六六年「ジェファーソン・エアプレイン」加入。六七年ファースト・アルバム発表。シングルカットされた「サムバディ・トゥ・ラブ」(邦題:「あなただけを」)が大ヒットした

ゲーリー・スナイダー
Gary Snyder
(一九三〇〜)

詩人、環境活動家。サンフランシスコ生まれ。ワシントン州で森林監視人や森林伐採をしたのち、西海岸各地を放浪。タンカー乗員として世界をめぐる。一九五六年から日本に滞在し、京都で禅の修行に取り組む。現在はヨセミテ国立公園のあるシエラネバダ山麓で「森の生活」を実践する

*『惑星の未来を想像するものたちへ』(山と渓谷社)

ケン・キージー
Ken Kesey
(一九三五〜二〇〇一)

作家。オレゴン州生まれ。一九六二年、合衆国を巨大精神病院になぞらえた小説『カッコーの巣の上で』(白水社)を発表して全米ベストセラーに。六四年夏、キージーを崇拝するヒッピー・グループ、「プランクスターズ」を率いて中古のスクールバスに同乗。アメリカ中の若者にLSDを配って精神の解放を訴えるというツアーをおこなった

サ行

ジェリー・ガルシア
Jerry Garcia
(一九四二〜一九九五)

サンフランシスコ生まれ。ロックグループ、グレイトフル・デッドの中心人物。一五歳でギターを弾きはじめ、一九六二年コーヒー・ハウスでブルー・グラスやフォーク・ソングを演奏。六七年ファースト・アルバム『グレイトフル・デッド』をリリース。以来、デッドは三〇年近くライヴを継続するが、ガルシアの逝去と共に活動を停止した

*『自分の生き方をさがしている人のために』(草思社)

ジェリー・ルービン
Jerry Rubin

（一九三八〜一九九四）

反体制活動家。シンシナティ生まれ。カリフォルニア大学バークレー校時代から政治活動に参加。ベトナム戦争反対運動を組織して、六七年にアビー・ホフマンらと「イッピー」結成。反体制運動終焉後の八〇年代は自己啓発、瞑想などに関心を移し、ウォール街で株のトレーダーに。九四年、交通事故で死亡

＊『Do it! 革命のシナリオ』（都市出版社）、『マイ・レボリューション』（めるくまーる）

ジミ・ヘンドリックス
Jimi Hendrix

（一九四二〜一九七〇）

ミュージシャン。ワシントン州生まれ。魔術のようなギター演奏がロンドンで脚光を浴びる。一九六七年のモンタレー・ポップ・フェスティバル出演時、ギターにオイルをかけて火をつけるアクションを披露。以来、ロック・サウンドの革新者として知られる。七〇年九月一八日、睡眠薬の多量服用で死亡

ジャニス・ジョプリン
Janis Joplin

（一九四三〜一九七〇）

テキサス州出身。ビートニクに憧れてサンフランシスコへ。ビッグ・ブラザー&ザ・ホールディング・カンパニーにヴォーカリストとして参加。ハートを絞り上げるような歌唱が観客の視線を釘付けに。七〇年一〇月三日、薬物過剰摂取によりロサンゼルスのホテルで死亡していたところを発見された

ジョナサン・コゾル
Jonathan Kozol

（一九三六〜　）

社会活動家。ハーバード大学を卒業後、小説『ケシの香り』（早川書房）を発表。六四年から六五年にかけてボストンの黒人ゲットーに住み、黒人少年の教育にたずさわる。このときの観察記録が六七年『死を急ぐ幼き魂　黒人差別教育の証言』（早川書房）として発表され、六八年全米図書賞を受賞。以後、フリー・スクール活動に実践的にかかわる

＊『先生とは』（晶文社）

ジョナサン・コット
Jonathan Cott

（一九四二〜　）

作家、詩人。『ローリング・ストーン』誌の創刊以来の編集者。ミュージシャンや作家へのロング・インタビューの仕事で知られる

＊『子どもの本の8人』（晶文社）、『さまよう魂　ラフカディオ・ハーンの遍歴』（文藝春秋）、『奪われた記憶』（求龍堂）

ジョン・ウィルコック
John Wilcock

（一九二七〜二〇一八）

イギリス人ジャーナリスト。『ヴィレッジ・ヴォイス』『アザー・シーンズ』などのアンダーグラウンド新聞、『アンディ・ウォーホルズ・インタヴュー』の創刊にかかわる

＊『Japan on 5 dollars a Day』『The Autobiography and Sex Life of Andy Warhol』（共に未邦訳）

ジョン・レノン
John Lennon

（一九四〇〜一九八〇）

ミュージシャン。イギリス・リバプール生まれ。六〇年代にビートルズの音楽は世界中に旋風を巻き起こし社会現象となる。一九七〇年のビートルズ解散後は、オノ・ヨーコ夫人と二人三脚で活動を展開。八〇年一二月八日、ニューヨークの自宅前で狂信的ファンに撃たれて死亡

ジム・モリスン
James Morrison

（一九四三〜一九七一）

フロリダ州生まれ。哲学や詩にのめりこみ、一九六五年の夏、カリフォルニア大学ロサンゼルス校映画学科に編入。大学でレイ・マンザレクと出会い、「ドアーズ」結成。「ハートに火をつけて」でシングル売り上げ第一位の座を獲得。七一年七月三日、モンマルトルのアパートのバスタブで死体で発見される

スチュアート・ブランド
Stewart Brand

（一九三八〜　）

イリノイ州ロックフォード生まれ。スタンフォード大学に学んだのち、陸軍、IBMに在籍。一九六六年一月、サンフランシスコで「トリップス・フェスティバル」主催。六八年『ホール・アース・カタログ』創刊。同書は「ヒッピー世代の聖書」と呼ばれる。その半生はジョン・マルコフによる評伝（『ホールアースの革命家』草思社）に詳しい

スティーブン・ガスキン
Stephen Gaskin
(一九三五～二〇一四)

コミューン創設者。サンフランシスコ州立大学で民俗学を教える教師だったがドロップアウトして、テネシー州の小さな村に「ザ・ファーム」という名のコミューンを創設。現在のファームは有機農業を主軸にして活動中

セオドア・ローザック
Theodore Roszak
(一九三三～二〇一一)

歴史学者。カリフォルニア州立大学イーストベイ校名誉教授。『ネーション』誌に一九六八年から若者文化に関する論文を発表、「カウンター・カルチャー」という言葉を最初に用いてアメリカの現状を説明した

＊『対抗文化の思想』(ダイヤモンド社)、『コンピューターの神話学』(朝日新聞社)

タ行

ダモ鈴木
Damo Suzuki
(一九五〇～二〇二四)

ヴォーカリスト。神奈川県出身。高校中退後の六〇年代後半、日本を飛び出しアメリカに密航。以後、世界各地を放浪。ミュンヘンの路上で弾き語りをしていて、ドイツのロックグループ「CAN」にスカウトされたところからグループ参加。九〇年代以降は「ダモズ・ネットワーク」名で演奏活動を続ける。二〇二四年二月九日、癌をわずらいケルンの自宅で亡くなる

チェット・ヘルムス
Chet Helms
(一九四二～二〇〇五)

サンフランシスコ・サウンドの立役者、プロモーター、初期のマリファナ合法化運動の活動家。「ファミリー・ドッグ」とよばれるアーティスト集団のひとり。ビル・グレアムと交代でフィルモア・オーディトリアムにおいてロックのライヴ・ショーを手がけた

チャールズ・マンソン
Charles Manson
(一九三四～二〇一七)

オハイオ州生まれ。ロス近郊の牧場にコミューン的な宗教団体を結成して乱行や麻薬に耽る。一九六九年八月、映画監督ロマン・ポランスキーの邸宅に侵入し、妊娠中のシャロン・テート夫人他四名を惨殺。壁に「ピッグ」「ヘルタースケルター」などと血文字で殴り書きし、陰惨な猟奇事件として全米を震撼させる。マンソンは裁判で終身刑になった

ティモシー・リアリー
Timothy Leary
(一九二〇～一九九六)

元ハーバード大学教授。六〇年代初頭、LSDを研究に持ちこみ学生たちに提供したことから大学を解雇されるが、その後もドラッグ研究に取り組み、「サイケデリック研究センター」「精神発見連盟」などを組織してサイケデリックの教祖に。九六年五月三一日逝去。遺言にしたがって、遺灰はカプセルに詰めて宇宙に発射された

＊『大気圏外進化論』(リブロポート)、『フラッシュバックス』(トレヴィル)

デニス・ホッパー
Dennis Hopper
(一九三六～二〇一〇)

俳優、監督。カンザス州生まれ。中学卒業後、俳優としてハリウッド入りする。『白昼の幻想』でのピーター・フォンダとの共演がきっかけで『イージー・ライダー』を監督。「カウンター・カルチャーの代表的作品」と評される。日本でも一九七〇年に公開されヒットした

トム・ウルフ
Tom Wolfe
(一九三〇～二〇一八)

ジャーナリスト、作家。ヴァーモント州生まれ。イエール大学でアメリカ研究を学ぶ。六〇年代半ばから「ニュー・ジャーナリズム」という言葉を流行させて、そのスポークスマンとして活躍。一九六五年から六六年にかけてケン・キージーとメリー・プランクスターズに同行取材した『クール・クールLSD交感テスト』(太陽社)が出世作となった

＊『そしてみんな軽くなった』(ちくま文庫)、『虚栄の篝火』(文藝春秋)

トム・ヘイドン
Tom Hayden
(一九三九～二〇一六)

反戦活動家。ミシガン大学在学中に民主主義をめざす学生政治団体「SDS」に参加する。一九六二年から六三年に全国委員長をつとめてベトナム戦争反対運動を主導。大学卒業後の六八年、シカゴでおこなわれた民主党大会で反暴動罪で起訴されるが、七二年控訴審で無罪に。その後、カリフォルニア州議会上下両院の議員を二〇年近く務めた

＊『叛裁判』（都市出版社）

ナ行

ニール・キャサディ
Neal Cassady
（一九二六〜一九六八）

ビート・ジェネレーションの伝説的人物。ケルアックとギンズバーグの右腕的な存在。ケルアックの小説『オン・ザ・ロード』（河出文庫）登場人物のモデルとなる。六〇年代にはメリー・プランクスターズのバス運転手を務め、六六年二月、メキシコの鉄道線路脇で昏睡状態で発見されて死亡

ハ行

バックミンスター・フラー
Buckminster Fuller
（一八九五〜一九八三）

数学者、建築家。マサチューセッツ州生まれ。「最少の材料で最大の効果をあげる」を信念に「ダイマクション・ハウス」の研究開発に乗り出す。ニューヨーク移住後の一九四八年に「ジオデシック・ドーム」を発明し、天才技術者フラーの名が知れわたる。「宇宙船地球号」という概念の提唱者でもあった

＊『宇宙船「地球」号』（ちくま学芸文庫）

ヴィクター・モスコソ
Victor Moscoso
（一九三六〜　）

ポスター・アーティスト。リーバイスの広告を制作しながら、サンフランシスコのロック・コンサートのためのポスターやコミックを制作。サイケデリックな作風の芸術性が高く評価される

ビル・グレアム
Bill Graham
（一九三一〜一九九一）

プロモーター。ベルリン生まれ。ヨーロッパで放浪生活を送ったあと一九五五年ウエストコーストに。劇団の資金稼ぎのコンサートを成功させたのをきっかけとしてロック・ビジネスの世界に。サンフランシスコ・サウンドの殿堂「フィルモア」設立。九一年、ヘリコプターの墜落事故で不慮の死を遂げる

＊『ロックを創った男』（ロバート・グリーンフィールドとの共著、大栄出版）

ピーター・コヨーテ
Peter Coyote
（一九四一〜　）

俳優・作家。ニューヨーク市生まれ。大学院中退後、政治的にラディカルな劇団「サンフランシスコ・マイム・トループ」参加のためサンフランシスコへ。その後エメット・グローガンと共に演劇集団「ディガース」の一員として活動。七〇年代後半からは映画俳優として活動している

ポール・ウィリアムズ
Paul Williams
（一九四八〜二〇一三）

ロック・ジャーナリスト。マサチューセッツ州生まれ。一九六六年、文化的な現象としてロックを論じた初の音楽評論誌『クローダディ』を一七歳で創刊、批評家として活動を開始。「ロック評論の父」と呼ばれる。大のSFファンであり、フィリップ・K・ディックの没後、著作権管理人をつとめていた

＊『アウトロー・ブルース』（晶文社）、『ダス・エナーギ』（春秋社）

ポール・クラスナー
Paul Krasner
（一九三三〜二〇一九）

諷刺精神に満ちあふれた雑誌『リアリスト』編集発行人。ニューヨーク市生まれ。ニューヨーク市立大学でジャーナリズムと心理学を学ぶ。ケン・キージーとの交流からメリー・プランクスターズに参加。「イッピー」創立メンバーの一人でもあった

ボブ・ディラン
Bob Dylan
（一九四一〜　）

ミュージシャン。ミネソタ州生まれ。一九六一年にニューヨークに出てフォーク界にデビュー。公民権運動の高まりの中でプロテスト・ソングの旗手として注目を浴びる。六五年にはフォークからロックに転じ、ビートルズと並んでポップスの変革に多大な役割を演じる。現役の音楽家として五〇年近いキャリアをほこる

マ行

マイケル・オドノヒュー
Michael O'donoghue
（一九四〇〜一九九四）

作家、脚本家。一九六六年から『エヴァーグリーン・レヴュー』誌に、それまでなかったタイプのパロディ風の記事やコミック原作を執筆。七〇年『ナショナル・ランプーン』を共同創刊、編集スタッフとして活躍。『ランプーン』の感覚をアナログ・レコード（LP）にした『ナショナル・ランプーン・レィディオ・ショー』、NBCの人気番組『サタデイ・ナイト・ライブ』の構成作家としても知られる

マハリシ・マヘシ・ヨギ
Maharisi Mahesh Yogi
（一九一八〜二〇〇八）

インド人の聖者。トランセンデンタル・メディテーション（TM）と呼ばれるインスタント瞑想法を創始して人気を集める。一九六八年にビートルズ、ローリング・ストーンズのメンバーがヨギの弟子となって話題を呼ぶが、その後いずれも失望して離れた

＊『超越瞑想と悟り』（読売新聞社）

ヤ行

ヤン・ウエナー
Jann S. Wenner
（一九四六〜　）

実業家。ニューヨークに生まれ、サンフランシスコに育つ。カリフォルニア大学バークレー校時代から学生新聞の編集にかかわる。『ランパーツ』への参加を経て一九六七年、ラルフ・グリーソンらと『ローリング・ストーン』を共同創刊。ロック・カルチャーを正当にとらえた初の雑誌として人気を集めた。ジョー・ヘイガンによるウエナーの評伝として『「ローリング・ストーン」の時代　サブカルチャー帝国をつくった男』（河出書房新社）がある

ラ行

ラム・ダス
Ram Dass
（一九三一〜二〇一九）

心理学者、作家。マサチューセッツ州生まれ。六〇年代前半、ハーバード大学でティモシー・リアリー教授の助手としてLSDの臨床実験につとめたが、二人とも大学当局から解雇される。六〇年代後半、インドにわたりスピリチュアルな訓練を積む。本名のリチャード・アルパートからラム・ダスと改名し、帰国後の七一年『ビー・ヒア・ナウ』（平河出版社）を出版。「精神世界のバイブル」として熱狂的に支持された

リチャード・ブローティガン
Richard Brautigan
（一九三五〜一九八四）

詩人。ワシントン州生まれ。一九歳の時からサンフランシスコのリトル・マガジンに詩と小説を発表して人気を博す。カリフォルニア州ボリナスの自宅で一九八四年、ピストル自殺したところを発見された

＊『アメリカの鱒釣り』（新潮文庫）、『西瓜糖の日々』（河出文庫）

ロバート・クラム
Robert Crumb
（一九四三〜　）

コミック作家。ペンシルベニア州生まれ。高校卒業後の一九六五年、『ヘルプ!』誌に投稿し掲載された『猫のフリッツ』でデビュー。六七年サンフランシスコに移住し『ザップ・コミックス』を自主制作。現在はオルタナティヴ・コミックの代表的作家として知られる

＊『ロバート・クラム　BEST』（河出書房新社）

ロバート・ストーン
Robert Stone
（一九三七〜二〇一五）

小説家。スタンフォード大学出身。六〇年代初めにケン・キージーを中心とするメリー・プランクスターズに参加、LSDを摂取したのち小説を書き出す。ドラッグのバッド・トリップ体験をもとに執筆した小説『鏡の間』（早川書房）で文学賞を受賞。ベトナム出兵体験を反映した『ドッグ・ソルジャー』（未邦訳）を発表し、一九七四年全米図書賞を受賞

ローレンス・ファーリンゲティ
Lawrence Ferlinghetti
（一九一九〜二〇二一）

詩人。ニューヨーク州生まれ。一九五一年、サンフランシスコ・ノースビーチで書店兼出版社「シティ・ライツ」を創業。アレン・ギンズバーグ『吠える　その他の詩』をはじめ、ビート・ジェネレーションの作品を精力的に出版。詩集『心のコニー・アイランド』（未邦訳）などがある

主なヒッピー・コミューン

以下、アメリカで比較的よく知られる14のコミューンについて、おおよその位置と簡単な説明を記した。

（参考文献＝池田智「試論・アメリカのコミューンについて」『玉川大学文学部紀要 47号』2006年3月）

1971年時点で34州に約3000（または2000）のコミューンがあったとされる記録があるが、大半のコミューンは1年未満の短命で終わった

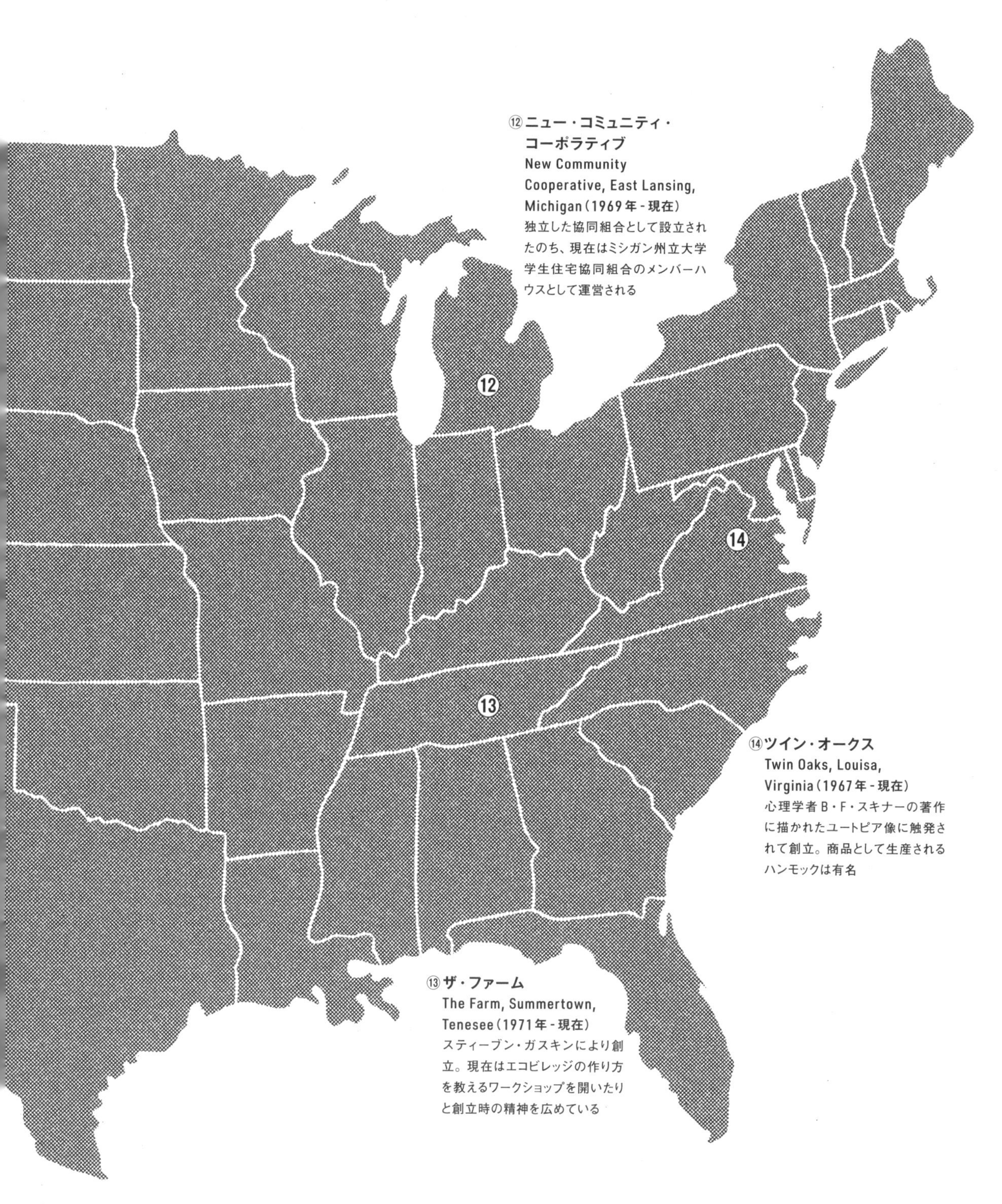

⑫**ニュー・コミュニティ・コーポラティブ**
New Community Cooperative, East Lansing, Michigan（1969年 - 現在）
独立した協同組合として設立されたのち、現在はミシガン州立大学学生住宅協同組合のメンバーハウスとして運営される

⑭**ツイン・オークス**
Twin Oaks, Louisa, Virginia（1967年 - 現在）
心理学者B・F・スキナーの著作に描かれたユートピア像に触発されて創立。商品として生産されるハンモックは有名

⑬**ザ・ファーム**
The Farm, Summertown, Tenesee（1971年 - 現在）
スティーブン・ガスキンにより創立。現在はエコビレッジの作り方を教えるワークショップを開いたりと創立時の精神を広めている

②モーニング・スター
Morning Star, Occidental, California（1966年-1972年）
全米から押しよせたヒッピー志願者でヘイト=アシュベリーの街が荒廃し、そこからの転居組によって運営される。しかし近隣住民からの苦情等で強制的に閉鎖

①トルストイ・ファーム
Tolstoy Farm, Davenport, Washington（1963年-現在）
ロシアの作家トルストイの思想からインスピレーションを受けて創立。現在はオーガニック農場として運営されて活動

③ウィーラー・ランチ
Wheeler Ranch, Occidental, California（1967年-1973年）
森の中にあった。非暴力主義が信条で100人ほどが共同生活を行なう。当時19歳だったアリシア・ベイ=ローレル（のちの作家、シンガー）も滞在した

④ザ・チーズ・ボード
The Cheese Board, San Fransisco, California（1967年-現在）
チーズ店の元所有者たちが1971年、従業員たちに事業を売却したことに始まり、100%労働者所有の組織形態で経営が再開された。現在も人気ピザ店を運営し活動中

⑤ザ・カリフラワー
The Kaliflower Commune, San Fransisco, California（1967年-現在）
サンフランシスコの都市型コミューン。当時の様子は吉井清氏の手記「カリフラワー体験記」（『スペクテイター』誌44号・2019）に詳しい

⑥エサレン
Esalen, Big Sur, California（1962年-現在）
精神の自由を求める人たちが集まり人間性回復運動のメッカに。現在は富裕層のためのリトリート施設のようだ

1
2
3
4
5
6
7
8
9
10
11

⑦ホッグ・ファーム
Hog Farm Collective, Tujunga, California（1965年-現在）
平和運動家の夫妻により創立。場所が養豚場だったことからこの名がついた。米国でもっとも長く続いているコミューン

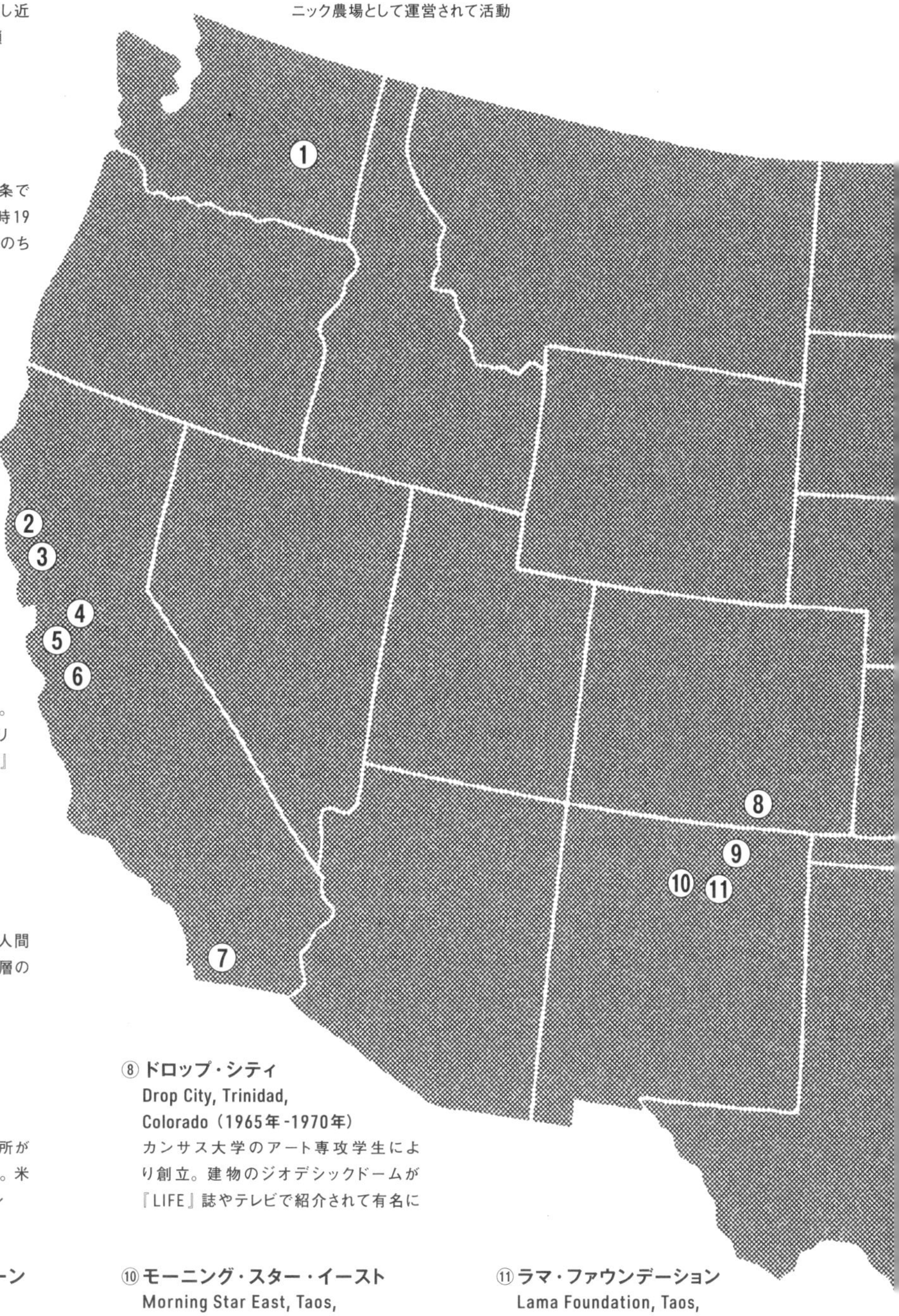

⑧ドロップ・シティ
Drop City, Trinidad, Colorado（1965年-1970年）
カンサス大学のアート専攻学生により創立。建物のジオデシックドームが『LIFE』誌やテレビで紹介されて有名に

⑨ニュー・バッファロー・コミューン
New Buffalo Commune, Arroyo, New Mexico（1967年-現在）
ニューメキシコに創立。『イージー・ライダー』製作時のデニス・ホッパーにインスピレーションを与えた（しかし、ロケ場所としてのコミューン撮影は拒否された）

⑩モーニング・スター・イースト
Morning Star East, Taos, New Mexico（1969年-70年代初め）
モーニング・スター（②）のニューメキシコ版。ただし短期間しか続かず、その後はオーガニック農場として運営されている

⑪ラマ・ファウンデーション
Lama Foundation, Taos, New Mexico（1967年-現在）
ニューヨークの前衛芸術集団USCOのバーバラ・ダーキーによりニューメキシコ州の山中に創立。座禅や瞑想などの修行をおこなう

ビートとヒッピーをもっと深く読み解きたい人のためのブックガイド（50音順）

●ビート、ヒッピー関連の主要図書を以下4つの区分で50音順に掲げた
●「アンソロジー」「雑誌」は重要と考えられるものに限定して掲載した
●本書のまんがで引用した書籍は記載をはぶいてある

翻訳書

『アウトロー・ブルース』
ポール・ウィリアムズ／室矢憲治訳、晶文社、一九七二

『新しい女性の創造』
ベティ・フリーダン／三浦冨美子訳、大和書房、二〇〇四／改訂版

『アシッド・ドリームズ』
マーティン・A・リー、ブルース・シュレイン／越智道雄訳、第三書館、一九九二

『アメリカ 一九六〇年代』
モリス・ディクスタイン／今村楯夫訳、有斐閣・有斐閣選書、一九八六

『アメリカ俗語辞典』
ユージン・E・ランディ／堀内克明訳、研究社、一九七五

『アメリカの実験映画』
アダムス・シトニー／石崎浩一郎、フィルムアート社、一九七二

『アメリカの鱒釣り』
リチャード・ブローティガン／藤本和子訳、新潮社・新潮文庫、二〇〇五

『アンダーグラウンド映画』
シェルドン・レナン／波多野哲朗訳、三一書房、一九六九

『イージー・ライダー』
テリイ・サザーン／佐和誠訳、角川書店・角川文庫、一九七二

『意識の進化と神秘主義』
セオドア・ローザック／志村正雄訳、紀伊国屋書店、一九九五／二版

『異星の客』
ロバート・A・ハインライン／井上一夫訳、東京創元新社・創元推理文庫、一九六九

『イッピー！』
アビー・ホフマン／砂田一郎訳、新書館、一九七一

『宇宙船「地球号」操縦マニュアル』
バックミンスター・フラー／芹沢高志訳、筑摩書房・ちくま学芸文庫、二〇〇〇

『ウッドストックへの道』
マイケル・ラング、ホリー・ジョージ-ウォーレン／室矢憲治訳、小学館、二〇一二

『エコロジー』
スティヴン・クロール、ウィリアム・ランキン／玉村和子訳、現代書館、一九八四

『エデン特急』
マーク・ヴォネガット／衣更着信・笠原嘉訳、みすず書房、一九七九

『LSD 幻想世界への旅』
A・ホッフマン／福屋武人・堀正・榎本博明訳、新曜社、一九八四

『オン・ザ・ロード』
ジャック・ケルアック／青山南訳、河出書房新社・河出文庫、二〇一〇

『カッコーの巣の上で』
ケン・キージー／岩本巌訳、パンローリング、二〇二一

『神々の糧』
テレンス・マッケナ／小山田義文・中村功訳、第三書館、一九九三

『亀の島』
ゲーリー・スナイダー／ナナオ・サカキ訳、山口書店、一九九一

『かもめのジョナサン』
リチャード・バック／五木寛之訳、新潮社・新潮文庫、二〇一五

『河の旅、森の生活』
レイモンド・マンゴー／片岡義男・真崎義博訳、角川書店・角川文庫、一九七七

『カリフォルニア日記』
エドガール・モラン／林瑞枝訳、法政大学出版会、一九七五

『ギンズバーグ詩集』
アレン・ギンズバーグ／諏訪優訳、思潮社、一九九一／増補改訂版

『クール・クール LSD交感テスト』
トム・ウルフ／飯田隆昭訳、太陽社、一九七一

『ゲリラ・テレビジョン』
マイケル・シャンバーグ、レインダンス・コーポレーション／中谷芙二子訳、美術出版社、一九七四

『ケルアック』
バリー・ギフォード、ローレンス・リー／青山南・中俣真知子・堤雅久・古屋美登里訳、毎日新聞社、一九九八

『この本を盗め』
アビー・ホフマン／小中陽太郎編訳、都市出版社、一九七二

『コンピューターの神話学』
セオドア・ローザック／成定薫・荒井克弘訳、朝日新聞社、一九八九

『最後のユニコーン』
ピーター・S・ビーグル／鏡明訳、早川書房・ハヤカワ文庫、二〇二三新版

『ザ・ダルマ・バムズ』
ジャック・ケルアック／中井義幸訳、講談社・講談社文芸文庫、二〇〇七

『サム・トリッピング』
ドン・ミッチェル／宮本陽吉訳、河出書房新社、一九七二

『ジ・アート・オブ・ロック』
ポール・グルシキン／藤田シグ訳、柏書房、一九九一

『自分の生き方をさがしている人のために』
ジェリー・ガルシア、チャールズ・ライク／片岡義男訳、草思社、一九九八／新装版

『ジャズ・カントリー』
ナット・ヘントフ／木島始訳、晶文社、一九八一／改訂版

『ジャズとビートの黙示録』
マーティン・トーゴフ／山形浩生・森本正史訳、
日本評論社、二〇二三

『ジャック・ケルアック　放浪天使の歌』
スティーヴ・ターナー／室矢憲治訳、
河出書房新社、一九九八

『ジャンキー』
ウィリアム・バロウズ／鮎川信夫訳、
河出書房新社・河出文庫、二〇〇三

『就職しないで生きるには』
レイモンド・マンゴー／中山容訳、
晶文社、一九九八／新装版

『神経政治学』
ティモシー・リアリー／山形浩生訳、
トレヴィル、一九八九

『シンプル・ライフ』
デイヴィッド・E・シャイ／小池和子訳、
勁草書房、一九八七

『西瓜糖の日々』
リチャード・ブローティガン／藤本和子訳、
河出書房新社・河出文庫、二〇〇三

『スケルトン・キー』
デイヴィッド・シェンク、スティーヴ・
シルバーマン／南風椎訳、工作舎、二〇〇四

『ソフト・マシーン』
ウィリアム・バロウズ／山形浩生・柳下毅一郎訳、
河出書房新社・河出文庫、二〇〇四

『対抗文化の思想』
セオドア・ローザック、稲見芳勝・風間禎三郎訳、
ダイヤモンド社、一九七二

『ダイヤモンド・スカイのもとに』
バーニー・ホスキンズ／飯田隆昭訳、
太陽社、二〇〇二

『地下街の人びと』
ジャック・ケルアック／真崎義博、
新潮社・新潮文庫、一九九七

『地球の家を保つには』
ゲーリー・スナイダー／片桐ユズル訳、
社会思想社、一九七五

『地球の上に生きる』
アリシア・ベイ=ローレル／深町真理子訳、
草思社、一九七二

『チベットの死者の書　原典訳』
川崎信定、筑摩書房・ちくま学芸文庫、一九九三

『ツイン・オークス・
コミュニティー建設記』
キャスリーン・キンケイド／金原義明訳、
明鏡舎、二〇〇二

『Do It!』
ジェリー・ルービン／田村隆一・岩本隼訳、
都市出版社、一九七一

『東方への旅』
ロバート・グリーンフィールド／吉福伸逸訳、
エイプリル出版、一九七九

『ドン・ファンの教え』
カルロス・カスタネダ／真崎義博訳、
太田出版、二〇一二／新装版

『ナチュラルとヘルシー』
ウォーレン・J・ベラスコ／加藤信一郎訳、
新宿書房、一九九三

『ナチュラル・マインド』
アンドルー・ワイル／名谷一郎訳、
草思社、一九七七

『なまけ者のさとり方』
タデウス・ゴラス／山川紘矢・山川亜希子訳、
地湧社、二〇一四／増補改訂新版

『ニューヨーク・ブルース』
ポール・ウィリアムズ／真崎義博訳、
音楽之友社、一九七五

『人間以上』
シオドア・スタージョン／矢野徹訳、
早川書房・ハヤカワ文庫、一九七八

『人間拡張の原理』
マーシャル・マクルーハン／
後藤和彦・高儀進訳、竹内書店、一九六七

『ハートビート』
キャロライン・キャサディ、渡辺洋訳、
新宿書房、一九九〇

『パソコン創生「第3」の神話』
ジョン・マルコフ／服部桂訳、
NTT出版、二〇〇七

『働かない』
トム・ルッツ／小澤英実・篠儀直子訳、
青土社、二〇〇六

『ハッカーズ』
スティーブン・レビー／松田信子・古橋芳恵訳、
工学社、一九八七

『花のサンフランシスコ』
アラム・サロイヤン／三谷貞一郎訳、
晶文社、一九八二

『遙かなるバークレイ』
サラ・デビッドソン／南川せつ子・宮崎恵子・
松葉由美子訳、河出書房新社、一九八四

『反逆の神話』
ジョセフ・ヒース、アンドルー・ポター／栗原百代訳、
早川書房・ハヤカワ文庫、二〇二一／新版

『叛裁判』
トム・ヘイドン／宮原安春・梅谷昇訳、
都市出版社、一九七一

『ビート世代の人生と文学』
ジョン・タイテル／大橋健三郎・村山淳彦訳、
紀伊国屋書店、一九七八

『ビー・ヒア・ナウ』
ラマ・ダス、ラマ・ファウンデーション／
吉福伸逸・スワミ・プレム・プラブッダ・
上野圭一訳、平河出版社、一九八七

『ヒッピーのはじまり』
ヘレン・S・ペリー／阿部大樹訳、
作品社、二〇〇一

『ヒッピー・ハンドブック』
チェルシー・ケイン、リア・ミターニク／
下條ユリ訳、フレックス・ファーム、二〇〇六

『ビル・グレアム　ロックを創った男』
ビル・グレアム、ロバート・グリーンフィールド
／奥田祐士訳、大栄出版、一九九四

『ファミリー　上・下』
エド・サンダース／小鷹信光訳、
草思社・草思社文庫、二〇一七

『ファンタジーランド　上・下』
カート・アンダーセン／山田美明・山田文訳、
東洋経済新報社、二〇一九

『不条理に育つ』
ポール・グッドマン／片桐ユズル訳、
平凡社、一九七一

『フラッシュバックス』
ティモシー・リアリー／山形浩生・久霧亜子・
明石綾子・森本正史・松原永子訳、
トレヴィル、一九九五

『フリッツ・ザ・キャット　コンプリート』
ロバート・クラム／小野耕世訳、
復刊ドットコム、二〇一六

『プレイパワー』
リチャード・ネヴィル／三井徹・湯川れい子訳、ブロンズ社、一九七二

『ヘッセ全集13「荒野の狼」「東方への旅」』
ヘルマン・ヘッセ／日本ヘルマン・ヘッセ友の会訳、臨川書店、二〇〇六

『ホールアースの革命家』
ジョン・マルコフ／服部桂訳、草思社、二〇二三

『ぼくらを撃つな！』
J・アンソニー・ルーカス／鈴木主税訳、草思社、一九七四

『ボブ・ディラン全詩 三〇二篇』
ボブ・ディラン／片桐ユズル・中山容訳、晶文社、一九九三

『麻薬書簡』
ウィリアム・バロウズ、アレン・ギンズバーグ／山形浩生訳、河出書房新社、二〇〇七

『マルカムX 自伝 完訳』
マルカムX／濱本武雄訳、中央公論新社・中公文庫、二〇〇二

『メカスの映画日記』
ジョナス・メカス／飯村昭子訳、フィルムアート社、一九九三／改訂版

『森の生活』
ヘンリー・D・ソロー／真崎義博訳、宝島社、二〇〇五／新装版

『緑色革命』
チャールズ・ライク／邦高忠二訳、早川書房・ハヤカワ文庫、一九八三

『〝緑色革命〟前後』
チャールズ・ライク／邦高忠二訳、早川書房、一九七七

『ローリング・ストーン風雲録』
ロバート・ドレイパー／林田ひめじ訳、早川書房、一九九四

『ロック・ミュージックの歴史 上・下』
キャサリン・チャールトン／佐藤実訳、音楽之友社、一九九六

『ロバート・クラム BEST』
ロバート・クラム／柳下毅一郎訳、河出書房新社、二〇〇二

『ヤング・ラディカルズ』
ケニス・ケニストン／庄司興吉・庄司洋子訳、みすず書房、一九七三

『予言する少数者』
ジャック・ニューフィールド／佐野健治訳、合同出版、一九六八

日本人の著者

『アイ・アム・ヒッピー』
山田塊也、森と出版、二〇二三／増補改訂版

『アメリカの若者たち』
谷口陸男、岩波書店・岩波新書、一九六一

『アメリカ「六〇年代」への旅』
越智道雄、朝日新聞社、一九八八

『アメリカン・コミックスへの旅』
三浦節子、冬樹社、一九八一

『生きのびるためのコミューン』
末永蒼生、三一書房、一九七三

『イラスト・ルポの時代』
小林泰彦、山と溪谷社・ヤマケイ文庫、二〇一八

『癒しとカルトの大地』
海野弘、グリーンアロー出版社、二〇〇一

『ウルトラ・トリップ』
末永蒼生・中村政治編、大陸書房、一九七一

『エルヴィスから始まった』
片岡義男、筑摩書房・ちくま文庫、一九九四

『俺たちのアメリカ』
金坂健二、講談社、一九七六

『カトマンズでLSDを一服』
植草甚一、晶文社、二〇〇四／新装版

『ゲバ・アン語典』
赤塚行雄、自由国民社、一九六九

『幻覚芸術』
蟻二郎、晶文社、一九七〇

『幻覚の共和国』
金坂健二、晶文社、一九七一

『コミュニティー』
金原義明、明鏡舎、二〇〇五

『ザ・ファーム
ベジタリアン・クックブック』
鶴田静編、野草社、一九八二

『ジーンズ、ロック、フェスティバル』
イージー・ワーカーズ、同上、二〇一九

『ジャングル・クルーズにうってつけの日』
生井英考、岩波書店・岩波現代文庫、二〇一五

『10セントの意識革命』
片岡義男、晶文社、二〇一五／改版

『新約 ビート・ジェネレーション』
北口幸太、トランジスター・プレス、二〇一四

『神話的思考の復権』
北沢方邦、田畑書店、一九七三

『地下のアメリカ』
金坂健二、学藝書林、一九六七

『知者に成る道』
細川廣次、徳間書店、一九九〇

『ニュー・ライフ・ヴァイブレーション』
今上武蘭人、ブロンズ社、一九七六

『バットマンになりたい』
小野耕世、晶文社、一九七四

『ビート・ジェネレーション』
諏訪優、紀伊國屋書店・紀伊國屋新書、一九九四／復刻版

『百番目のサル』
ケン・キース・ジュニア／Y・モンキー編、佐川出版、一九八四

『ベトナム戦争の時代』
清水知久、有斐閣・有斐閣新書、一九八五

『ヘルシーフードの神話』
加藤信一郎、廣済堂、二〇〇三

『ホテル・カリフォルニア以後』
青山南、晶文社、一九八二

『燃えるアメリカ』
角間隆、中央公論社・中公新書、一九七一

『ラジカル・アメリカ』
砂田一郎、三一書房・三一新書、一九六九

『ラバーソウルの弾みかた』
佐藤良明、平凡社・平凡社ライブラリー、二〇〇四

『'67〜'69 ロックとカウンター・カル
チャー激動の3年間』
室矢憲治、河出書房新社、二〇一七

『若者の新生活宣言』
寺崎央、KKロングセラーズ、一九七七

アンソロジー

『アメリカの世紀 8巻：ヒッピー、ブラック、プロテスト』
Time-Life Books 編集部編、加島祥造・高橋正・常盤新平他訳、西武タイム、一九八五

『アメリカの対抗文化』
日本マラマッド協会編、大阪教育図書、一九九八

『アメリカンカルチャー2 60年代』
石川弘義・藤竹暁・小野耕世 監修、三省堂、一九八一

『アメリカンカルチャー3 70年代』
同前、三省堂、一九八一

『オン・ザ・ロード 書物から見るカウンター・カルチャーの系譜』
山路和広 監修、マシュー・セアドー執筆／宮下芳・衣川将介・田内万里夫訳、トゥーヴァージンズ、二〇二一

『ビート詩集』
片桐ユズル編訳、国文社、一九六二

『死者のカタログ』
常盤新平・川本三郎・青山南 共同編集、ニューミュージック・マガジン社、一九七九

『ドキュメント現代史15 アメリカの革命』
高橋徹編訳、平凡社、一九七三

『ニューエイジ 大曼陀羅』
北山耕平編、徳間書店、一九九〇

『ヘビー・ピープル123』
常盤新平・川本三郎・青山南 共同編集、ニューミュージック・マガジン社、一九七九

『マリファナ・ナウ』
マリファナ・ナウ編集会、第三書館、一九八三

『マリファナ・ハイ』
マリファナ・ハイ編集会、同前、一九八六

『マリファナX』
マリファナX 編集会、同前、一九九五

『ロックの時代』
片岡義男編訳、晶文社、一九七一

『ロック・クオーツ』
ジョナソン・グリーン編／中川五郎訳、クイック・フォックス社、一九七八

『やさしいかくめい1 リアリティ』
プラサード編集室／草思社、一九七八

『やさしいかくめい2 いのちのレポート1980』
プラサード編集室／プラサード出版、一九八〇

雑誌特集号

『エスクァイア日本版 別冊 1960S Revolution』
UPU、一九九一

『カメラ毎日 一九七二年別冊 生きる歓び』
IKKO（奈良原一高）、毎日新聞社、一九七二

『現代思想 一九七五年七月号』
特集：反文明の思想は可能か カウンター・カルチュアの現在 青土社、一九七五

『現代詩手帖 一九八八年一月号 臨時増刊』
総特集：ビート・ジェネレーション 思潮社、一九八八

『サブ 一九七一年創刊号』
特集：ヒッピー・ラディカル・エレガンス〈花と革命〉 サブ編集室、一九七〇

『思想の科学 一九七一年六月号』
特集：ヒッピーの哲学、思想の科学社、一九七一

『スタジオボイス 一九九〇年九月号』
特集：ACID AGE、INFAS、一九九〇

『スタジオボイス 一九九二年七月号』
特集：路上にて、同前、一九九二

『スペクテイター 二九号』
特集：ホール・アース・カタログ 前篇、エディトリアル・デパートメント／幻冬舎、二〇一三

『スペクテイター 三〇号』
特集：ホール・アース・カタログ 後篇、同前、二〇一四

『スペクテイター 四四号』
特集：ヒッピーの教科書、同前、二〇一九

『スペクテイター 四五号』
特集：日本のヒッピー・ムーヴメント、同前、二〇一九

『スペクテイター 四八号』
特集：パソコンとヒッピー、同前、二〇二一

『スペクテイター 五〇号』
特集：まんがで学ぶメディアの歴史、同前、二〇二二

『宝島 一九七五年一〇月号』
特集：マリファナについて陽気に考えよう、JICC出版局、一九七五

『宝島 一九七五年一二月号』
特集：君は石である、同前、一九七五

『宝島 一九七六年三月号』
特集：ビューティフル・アメリカ、同前、一九七六

『宝島 一九七六年四月号』
特集：新世界 ニュー・アメリカへの招待状、同前、一九七六

『宝島 一九七七年一二月号』
特集：大麻レポート、同前、一九七七

『たて組ヨコ組 6号』
特集：カウンター・カルチャーとデザイン'60s、モリサワ、一九八四

『THIS 第2期・再刊号』
特集：BEAT GOES ON、M's Factory／扶桑社、一九八六

『THIS 第3期・0号』
特集：N.Y.C. REVISITED、同前、一九九四

『THIS 第3期・1号』
特集：抗う天使たち、同前、一九九四

『THIS 第3期・2号』
特集：Review of BEAT-TITUDE、同前、一九九四

『THIS 第3期・3号』
特集：サンフランシスコ Bohemian New Dreams、同前、一九九五

『別冊太陽 アメリカン・ニューシネマ'60〜'70』
川本三郎・小藤田千栄子編、平凡社、一九八八

『リラックス 二〇〇四年二月号』
特集：サンフランシスコ／ビート禅、マガジンハウス、二〇〇四

赤田祐一（あかた・ゆういち）
『スペクテイター』編集。著書『証言構成『ポパイ』の時代』（太田出版）。共著『20世紀 エディトリアル・オデッセイ』（誠文堂新光社）、『定本 消されたマンガ』（彩図社）など

関根美有（せきね・みゆう）
漫画家・イラストレーター。著書に『白エリと青エリ』（タバブックス）、『関根美有傑作選　はびこる愛』（シカク出版）『タピシエール 椅子張り職人ツバメさん』（秋田書店）ほか

本書は、2019年に刊行した『スペクテイター』44号所収の記事（関根美有＋赤田祐一「ヒッピーの歴史」）に誤記等の修正を加え再編集したものです。

以下の記事は書きおろしです——「はじめに」「ヒッピーとは？」「ヒッピー・カルチャーとサンフランシスコ」「用語解説」「先駆者たち」「人物名鑑」「主なヒッピー・コミューン」「ブックガイド」

ヒッピーの教科書

2024年6月28日　初版発行

原　作　赤田祐一
作　画　関根美有
デザイン　相馬章宏（コンコルド）
発行者　青野利光
発行所　有限会社エディトリアル・デパートメント
〒300-3261
茨城県つくば市花畑2-7-26 テクノタウン101
電話　029-869-6652
https://www.editorial-department.jp

印刷・製本　シナノ書籍印刷株式会社

ISBN978-4-911321-01-0